調査報道実践マニュアル

仮説・検証、ストーリーによる構成法

マーク・リー・ハンター（Mark Lee Hunter）[編著]

高嶺朝一・高嶺朝太[訳]

旬報社

［凡例］
1　単語「ストーリー（Story）」は、筋、記事、報告、物語などの意味で使われているが、マニュアルの基調となる用語なので大部分は訳さないで、「ストーリー」のままにした。
2　用字用語、送り仮名の付け方、外来語、海外の人名や地名などの表記は、一般社団法人共同通信社編著『記者ハンドブック 第13版 新聞用字用語集』共同通信社、2016年の表記法に従った。
4　海外の組織名称で、定訳のあるものはそれに従い、ないものは適切な訳を付けた。
5　原著は『Story-Based Inquiry: A manual for investigative journalists』（BY MARK LEE HUNTER WITH NILS HANSON, RANA SABBAGH, LUUK SENGERS, DREW SULLIVAN, FLEMMING TAIT SVITH AND PIA THORDS）http://unesdoc.unesco.org/images/0019/001930/193078e.pdfである。

［目次］

日本語版に寄せて　**マーク・リー・ハンター**………………………………………… *6*
まえがき　**ヤニス・カークリンチ**……………………………………………………… *12*
序章　**マーク・リー・ハンター**………………………………………………………… *13*
　　　　［第1版まえがき　**ヨルリ・フーダ**］……………………………………… *17*

第1章　調査報道の手法を用いたジャーナリズムとは何か………………………… *21*
　　　　マーク・リー・ハンター、ニルズ・ハンソン
第2章　仮説の使用──調査方法の核心部分………………………………………… *31*
　　　　マーク・リー・ハンター、ルーク・サンジェ、ピア・ソードセン
第3章　公開情報を使う──背景についての知識獲得と推論……………………… *55*
　　　　マーク・リー・ハンター
第4章　人的な情報源を使う…………………………………………………………… *73*
　　　　ニルズ・ハンソン、マーク・リー・ハンター
第5章　整理──成功のための条件づくり…………………………………………… *99*
　　　　マーク・リー・ハンター、フレミング・スビス
第6章　調査結果を書く………………………………………………………………… *111*
　　　　マーク・リー・ハンター
第7章　品質管理──テクニックと倫理……………………………………………… *133*
　　　　ニルズ・ハンソン、マーク・リー・ハンター、ピア・ソードセン、
　　　　ドリュー・スリバン
第8章　それを発表せよ………………………………………………………………… *145*
　　　　マーク・リー・ハンター

厳選した参考文献………………………………………………………………………… *150*
訳者あとがき　**高嶺朝一・高嶺朝太**………………………………………………… *152*

出版：ユネスコ(国際連合教育科学文化機関)、
情報・コミュニケーション局、表現の自由・民主主義・平和部
ハイパーリンク "http://www.unesco.org/webworld"
ユネスコ出版　www.unewco.org/publishing
© UNESCO 2011

当出版物中に含まれている内容は、いかなる国、地域、都市、地区、
機関の法的立場に関しても、あるいは国境、境界線の設定に関しても、
ユネスコの意見を反映したものではありません。

この本の著者は、ここに記載された事実関係や表明された
意見に関して責任を持ちます。
その点で、それらは必ずしもユネスコと一致するものではなく、
ユネスコに付託するものでもありません。

日本語版に寄せて

マーク・リー・ハンター(Mark Lee Hunter)

　このマニュアルの日本語版が出版されることを喜びとし、光栄に思っています。私の尊敬する早稲田大学ジャーナリズム研究所に感謝します。また短期間で、翻訳作業をしていただいた高嶺朝一、高嶺朝太両氏にも感謝いたします。

　早稲田大学ジャーナリズム研究所は、Waseda Investigative Journalism Project (WIJP) を発足させ、その初めての調査報道ジャーナリズムリポートはやがて発表される予定と聞いています。WIJPは、日本における、いわゆる緩やかな検閲の台頭に対する応答です。日本におけるこの傾向に対して、国連人権理事会特別報告者のデービッド・ケイは、昨年4月に、「急速に、注意が必要なほどに間違った方向に向かっている」と批判しました。誠意のあるジャーナリストたちが生計を失い、真実を言う自由を失うことになります。そうすれば、公共の利益に関する問題が隠されたままになるのです。

　WIJPは、仮説に基づき、証拠によって記録された、調査報道ジャーナリズムによって、この傾向に対抗する運動を作り出すことを希望しています。私は、若いジャーナリストもベテランジャーナリストも勇気と英知をもってこの運動に参加することを期待します。たとえ、どんな困難に直面しようと、それを相殺して有り余るほどに報われるだろうということを保証します。そういう人々は、世界中で価値のある仕事を成し遂げる、知るに値する人々の一員になるのです。福島原発事故の真実を明らかにするため、公職を辞めた木村信三氏のように[1]、彼らは、この仕事に新しい意味と今までとは異なった成果を見いだすことでしょう。調査報道ジャーナリズムの手法に取りかかったばかりのジャーナリストであっても、すでにその手法を実践しているジャーナリストであったとしても、この本が、みなさんの成功への道を手助けすることを期待しています。

この翻訳のおかげで、ストーリー・ベースの調査取材法をかつてまとめた際に忘れていた要素を書き加える機会を得ました。それは、日本固有の「製造哲学」の方法論がこのマニュアルに与えた影響です。この本におけるその重要性について、ここで初めて明かしたいと思います。

　私が1997年にフランスと米国の調査報道ジャーナリズムの手法を比較研究した博士論文[2]を発表した後、私はフランス語でジャーナリスト向けのマニュアル執筆を依頼されたのですが、私はそれを断りました。私はまだ準備ができていなかったのです。あとから気がついたことですが、私の論文は、2つの文化における調査報道ジャーナリストの作業において見いだすことができた5つの工程段階の概要をまとめたものだと言えます。しかし、これらの工程は発展性のある方法へとは結合されていなかったのです。
　さらに正確に言うならば、これらの手法は、調査報道ジャーナリストは作業が遅く、結果が出せないといった編集者や発行者からの批判に目を向けてはいなかったのです。調査報道ジャーナリズムを実践してきた者として、私の研究は、その批判が正しいことを立証しようとしていました。

　私の論文で分析した3つの事例では、ジャーナリストはまずあるテーマを見つけ、それから包括的なバックグランド調査をし、テーマの環境の中に自らを置いてみて、真実でないかもしれないという疑念を払拭していきます。それから、ストーリーを作成し、それを発表して、かつ弁護・防衛します。私が取り上げた研究事例は、発表もうまくいき、事態の改善にもつながった、いわば一流のストーリーだったのです。そのため、みなさんはその手法が最善の方法だと思うかもしれません。しかし、これは明らかにベストな方法ではありませんでした。

　それぞれの5つの段階は、面倒で、実験的で、不確実性がありました。全体の工程は、無駄に行ったり来たりする作業が目立っていました。なぜならジャーナリストが、絶え間なく、自身の発見を再確認し続けたためです。さ

らに、ジャーナリストは明らかに、取材の段階で得た大量の情報を扱うのに困難を感じ、まさに情報の海の中で溺れているような状態でした。間違いなく、私たちはもっとうまいやり方ができるはずです。

　本書の序章でも触れていますが、2001年に私は調査報道ジャーナリズムの仕事から長期休暇をとり、ビジネススクールで働きました。そこでの私の最初の師匠は、イブ・ドーズ（Yves Doz）でした。彼はジャーナリズムの理論と同様に工程にも深い興味を持つ研究者でした。その当時の同氏の共同研究者は多国籍企業の元CEOのホセ・ジョー・サントス（José "Joe" Santos）で、イブと同様、優れて実践的な考えの持ち主でした。2005年にジョーは日本で日産の経営者訓練計画を開始し、私も講師として招かれました。 そこで、私は日本人の改善を目指し、継続する姿勢を目の当たりにしました。しかし、この本を作成する際に最も役だった知識は、そのあとから学ぶことになりました。

　一方で、私は、世界調査報道ジャーナリズムネットワーク（Global Investigative Journalism Network、GIJN）の設立に参加し、定期的に調査報道ジャーナリズムの会議に出席しました。それらの会議で何度も見た場面には、少数のベテランジャーナリストと大勢の新米ジャーナリストがいて、その中間の人たちはいませんでした。ウォーターゲート世代後の調査報道ジャーナリストの知識を新しい世代に伝えることは非常に重要なことであります。その作業は米国では4000人の会員を持つ非営利組織、調査報道記者編集者協会（Investigative Reporters and Editors、IRE）によって始まっていました。しかし、IREの知識のベースは、米国の調査報道ジャーナリズムに特化したものだったのです。

　さらに、IREでさえ、調査報道を企画し、実行する基本的な方法を確立してはいませんでした。その素晴らしい方法論的な貢献があるとすれば、それは文書化された情報源の見つけ方をジャーナリストに示すようなものだと考えられていました。しかし、私がジャーナリズムを教えていた経験では、ほとんどのジャーナリストは自力で記録文書の見つけ方を学ぶことができていました。不幸なことは、見つけた情報を説得力のあるストーリーに落とし込むやり方を理解しているジャーナリストが少数だったということです。

　この問題を解決するには、暫定的なストーリーである「仮説」を立てるこ

とから取りかからないといけなかったのです。序章でもふれましたが、私は、この技法を2005年のGIJNの会議で提案しました。同僚たちは、この提案に、即座にかつ熱心に反応しました。しかし、このコンセプトはなお不完全なままでした。この会議で知り合った、ルーク・サンジェ（Luuk Sengers）と フレミング・スビス（Flemming Svith）が発展させた整理整頓の手法は、完全な手法を構成するための部分ではあったのですが、全てのピースを完全にまとめることはまだできていませんでした。

　2007年に私はイブ・ドーズの代わりに日本に戻り、日米のジョイントベンチャーで半導体メーカーの「スパンション」に関するリサーチを行ないました。ある日、日本人の重役が3語連鎖を書いて、どのようにして従業員が連続して製品開発をしているかを説明してくれました。それは、「採用、製造、改善」の3つのプロセスで、彼が言うには、それぞれの工程は重なり合い、連続して進行するものだということでした。製造工程をデザインする間に、製品を採用する、新しいデザインを採用する間に、それぞれの製品世代ごとに製造を改善するのです。あとから検証しやすくするために、これらのプロセスの各ステップを記録し文書化します。

　この斬新で独創的な手順は、私が求めていた答えの基底構造を示してくれました。それは、調査報道ジャーナリズムをより効果的に行なうためには、個別の分離した手順よりも、連続した工程を経てなされるべきである、ということです。仮説を設定し、暫定的なストーリーを作る。それを証明、または否定するような証拠を探す。その間に、仮説は改善されていく。それは他のアイデアを生み出し、新しい仮説とそのプロセスは継続していく。全ての手順を記録し文書化することにより、完成品への自信は増し、知識データベースが作られる。ストーリーは、一瞬にと言うよりも、徐々に形成されていく、ということになります。

　そういうときに、アラブ調査報道記者協会（Arab Reporters for Investigative Journalism、ARIJ）が、私に調査報道ジャーナリズムについてのマニュアルを書

くように依頼してきました。私は、今回は引き受けました。GIJNのおかげで、基本構造を改善するための専門家を協力者としてどこで見つければよいのか、分かっていました。このマニュアルには世界的動向の最高の知識を詰め込む必要があると考えました。『調査報道実践マニュアル——仮説・検証、ストーリーによる構成法』は、調査報道ジャーナリズム史上、初の国境を越えた手法の手引き書となりました。英語とアラビア語で書かれた第1版から始まり、ジャーナリストや関連機関により数十回も翻訳されてきました。

　これは確かに、調査報道ジャーナリストが使うことでのできる唯一の方法ではありません。調査報道ジャーナリズムのアンソロジー[3]を作るために、私は20人以上のジャーナリストにそれぞれの方法を詳述してくれるように依頼しましたが、ジャーナリストの数だけ、それぞれの方法がありました。しかし、全ての方法に共通しているのが、情報を整理し続けることとストーリーの修正に重点を置くことで、ほとんど全ての人がストーリーの原型である仮説を立てることから始めていました。これは変化しうるステップなのです。ウォーターゲート事件のあとの1970年代に私のキャリアは始まりましたが、当時の調査報道ジャーナリストは手法の開発には時間をかけませんでした。今では、手法は完成品を左右するほど重要なものになっています。

　「仮説・検証、ストーリーによる構成法」は、全ての人にとっての最善の方法ではないかもしれません。しかし、それはシンプルで、しっかりとしており、調査報道ジャーナリズムを成功させるための基本的な役割を示しています。すぐに、自分自身でそれを改変したり、改良したりするバージョンを思いつくことでしょう。私はそれをみなさんに発表してほしいと思っています。みなさんが試してきたことから、私たちも学べるからです。みなさんとそのキャリアがうまくいくよう、幸運を祈っています。

1) 依光隆明、上地兼太郎「研究者の辞表」（連載「プロメテウスの罠」より）、朝日新聞、2011年12月31日。この連載記事と福島原発事故関連のストーリーの英訳版を提供してくれたWIJPに感謝します［訳注：このストーリーは、朝日新聞特別報道部『プロメテウスの罠——明かされなかった福島原発事故の真実』学研パブリッシング、2012年、に収録されている］。

2) Mark Hunter, Le Journalisme d'investigation en France et aux Etats-Unis. Presses Universitaires de France, Coll. Que sais-je ?, 1997.
3) Mark Lee Hunter (ed.), The Global Investigative Journalism Casebook. UNESCO, 2012.

まえがき

ヤニス・カークリンチ(Jānis Kārkliņš) **ユネスコ情報・コミュニケーション局副事務局長**
(Assistant Director-General for Communication and Information, UNESCO)

　ユネスコはマスメディアの履行責任(アカウンタビリティ：自らの使命として約束したことを履行する責任)および職能的・倫理的基準についての討論を継続的に進めてきた。それは、いかにしてその職能を最大限に発揮するかという指針となる原則をジャーナリストに提供するものである。

　アラブ調査報道記者協会(Arab Reporters for Investigative Journalism、ARIJ)と提携して、ユネスコは2009年に「調査報道ジャーナリストのためのマニュアル」というタイトルで、初めてアラブ諸国の調査報道ジャーナリストに向けたマニュアルを発刊した。

　調査報道ジャーナリズムが意味しているのは、権力の地位についている者によって意図的に隠された問題や、混乱した大量の事実と状況を背景にして偶然に埋もれた問題を世の中に明らかにすること、そして全ての関連した事実を分析し、公衆に公開することである。そうすることで、調査報道ジャーナリズムは、表現の自由と情報公開に極めて重要な貢献をすることができる。それは、ユネスコの使命の本分である。メディアが監視機関(watchdog)として担う役割は民主主義にとって不可欠であり、そのためユネスコは世界中の調査報道ジャーナリズムを強化する取り組みを最大限に支援する。私は、このマニュアルが調査報道ジャーナリズムを推進するうえで多大な貢献をすると信じている。私はまた、このマニュアルがジャーナリストおよびメディアの職能人に、それと同様にジャーナリズムのトレーナーおよび教育者に役立つ手引きになることを期待している。

序章

編著者：**マーク・リー・ハンター**

著者：(アルファベット順)：**ニルズ・ハンソン**(Nils Hanson)、**ラナ・サバフ**(Rana Sabbagh)、**ルーク・サンジェ**(Luuk Sengers)、**ドリュー・スリバン**(Drew Sullivan)、**フレミング・テイト・スビス**(Flemming Tait Svith)、**ピア・ソードセン**(Pia Thordse)

　このマニュアルは、調査報道の基本的な方法や技術への手引きを提供するものであり、またこの職能に関わる参考文献の空白を意識的に埋めようとするものである。ほとんどの調査報道マニュアルはどこで情報が見つかるかを主たるテーマにしている。従来のマニュアルでは、ジャーナリストは、探していた情報を発見すれば、記事が書けるかのように考えている。私たちはそのようには考えない。私たちにとっての基本的なテーマは情報探しではない。私たちは、重要な作業は情報探しではなく、ストーリーテリングだと見ている。この点が、このマニュアルを基本的な方法論において革新的なものにしている。

　私たちはストーリーを接着剤として使う。それは、構想から始まり、調査、執筆、完成した記事の品質管理、発信媒体での発表に至るまでの、調査報道の全ての工程の各段階を一体として繋ぎ止めるものである。私たちはこのやり方を「仮説に基づいた調査法」とも呼んでいる。なぜなら、私たちは書きたいストーリーを練り上げることから始めるが、そのストーリーとは検証されるか、反証されるかは分からない、一つの仮説として執筆されるからだ。これは、以下のように統合されたプロセスにおける第一段階である。

・仮説に基づいたストーリーを分析することにより、記者はどの情報を探す必要があるのかを簡単に見分けられるようになる。
・編集者や発行者は調査報道プロジェクトの実現可能性、コスト、見返り、進行度をより簡単に見積もることができる。
・調査が進むにつれ、記者個人あるいはプロジェクトチームはストーリーを構成するための材料を集め、最終稿の特定部分を組み立てていく。

・この方法は、発表される記事の品質管理を容易にし、ストーリーが法的、倫理的な基準を満たしているかどうかの詳細な洞察を可能にする。
・この工程の最後に、力強い文章数行で要約できるストーリーが成果物として生まれる。それは、推奨されうる、防衛されうる、そして記憶されうるストーリーである。

　私たちは、仮説に基づいた調査法を発明したと主張するつもりはない。似たような方法は、ビジネスコンサルティング、社会科学、犯罪捜査でも用いられてきた。私たちは、この方法をジャーナリズムの作業工程に、そして調査報道の目的を達成するために応用した。無駄で不必要な苦しみを生んでいる、つまり問題の解決のために使うことのできる方策があるのにそれを無視している世界を改革するためにである。

　これは、長期間にわたる、多くの人々との共同作業を経て開発された。私にとっては、それは1990年の博士論文に取り組むなかで始まった。その論文は、フランスおよび米国の調査報道手法の比較研究として、フランシス・ベール(Francis Balle)の指導の下で行なわれた。その次に、パンテオン・アサスのパリ大学フランス新聞研究所(Institut francais de Presse of the Universite de Paris)に移り、12年間、寛大で熱心な同僚たちや情熱的な修士課程の学生たちから多くのことを吸収することができた。彼らのおかげで、私は、このマニュアルが提唱している方法をリポーター個人の活動範囲を越えた規模で応用テストすることができた。
　2001年、私は、長期休暇をとってグローバルなビジネススクールである、欧州経営大学院で、特別研究をすることになった。臨時の研究者の立場から非常勤の教授職になり、イブ・ドーズ(Yves Doz)、ルーク・バッセンフォーバー(Luk Van Wassenhove)、ルド・バンデイヘイデン(Ludo Van der Hayden)、ケヴィン・カイザー(Kevin Kaiser)らの同僚たちの見識、経験から多くのことを学ぶことができた。このマニュアルにおける彼らの影響は、間接的ながらも大きい。このような研究者たちのおかげで、私はより理論的なレベルでメディアの実践について考えるようになったし、またジャーナリズムの分野を含めてより大き

な価値を作り出すためにプロセスをどのように改善できるかを熟慮するようになった。共同執筆者たちと同じように、私も同時に現役のジーナリストとして調査報道に従事した。デンマーク・コンピューター支援報道研究所（Danish Institute for Computer-Assisted Reporting）のニルス・マルバディ（Nils Mulvad）、非営利組織の調査報道記者編集者協会（Investigative Reporters and Editors Inc.）のブラント・ヒューストン（Brant Houston）と一緒に、この本のほとんどの共著者と私は世界調査報道ジャーナリズムネットワーク（Global Investigative Journalism Network, GIJN）を創設した。また2001年にGIJNは、最良のジャーナリズムを実践する、意見交換のための特別なフォーラムを開催することができた。

特に、仮説に基づいた調査法を探求する動きが数カ国で、同時に、また独立して現れた。これは間違いなく、大きな進展だった。2005年に開催された、GIJNの会議で私は初めて仮説に基づいた調査報道の公的見解を披露することができた。そのときに、オランダのルーク・サンジェ（Luuk Sengers）、デンマークのフレミング・スビス（Flemming Svith）が、私に、彼らが作成したシンプルで力強い研究データベースと、プロジェクト管理にも適用できる、調査を体系化するためのコンピューターツールを見せてくれた。私たち全員は即座に私たちの発見が一つのプロセスの構成要素として、一緒に組み合わせられることに気づいた。

その後、年2回開かれる会議の参加者から、好意的な反応と批判を受けた。それによりこのマニュアルの内容が必要とされ、強く望まれていることを確信した。同時に、さらなる協力者も現れた。特に、スウェーデンのニルズ・ハンソン（Nils Hanson）はこのマニュアルの主要な共著者であるが、ニュースにおける品質と生産性の間を調和させることにかけては専門家である。この業界の多くの人々が、調査報道とは時間も経費もかかりすぎて、割に合わないものだと考えていることを決して忘れてはならない。しかし、私たちはこのマニュアルにおいて、調査報道は効率的工程を経れば、主要なリスクを回避できることを証明するつもりである。

ロンドン調査報道センター（Centre for Investigative Reporting of London）の設立とそこでサマースクールを年1回開催することにより、進行中の調査報道の手法確立に向けて大きく前進することができた。数年間にわたり、創設者のギ

ャヴィン・マクフェイデン（Gavin McFadyen）とそのチームのおかげで、私たちはニュース・ストーリーを作成する過程を教える、新たな方法を模索することができた。ロンドンでは、私は最初にバルカン諸国在住の米国人ドリュー・スリバン（Drew Sullivan）から組織犯罪に関する報道手法について学んだ。その手法は、多くの分野に用いることができる。Arab Reporters for Investigative Journalis（ARIJ）のディレクター、ラナ・サバフ（Rana Sabbagh）と彼女の同僚のデンマーク人、ピア・ソードセン（Pia Thordsen）から私に、2007年春、このマニュアルの執筆と編集を主導するように依頼があった。これが決定的だった。ソードセンは、仮説に基づいた調査報道の初期の提唱者でもある。アラビアでの彼らのセミナーは、この本のアイデアが練られていく途中で、それを示す機会を提供した。この作業に対して、ARIJと同様に、国際メディアサポート（International Media Support）とデンマーク議会が資金を提供してくれた。アンドリア・カイローリ（Andrea Cairola）が、このプロジェクトをユネスコに持ち込む重要な役割を担ってくれた。ユネスコでは、モーゲンス・シュミット（Mogens Schmidt）とシャンホン・フー（Xianhong Hu）が、広い視野によって貴重な協力者になってくれた。

ユネスコが、このマニュアルをフリーダウンロードの形式で、2009年8月に出版した。200ものウェブサイトがリンクした。『調査報道実践マニュアル——仮説・検証、ストーリーによる構成法』は、この種のマニュアルでは、ジャーナリズム史上、最も流通したマニュアルになった。それ以来、このマニュアルは部分的にさまざまな手引書の中に取り入れられている。これは始まりにすぎない。この調査報道の手法は、まだ進化の過程にあり、まだまだ更新されていくであろう。

調査報道ジャーナリズムは、熟練の技能が必要とされる専門の仕事である。またそれは、私が慣れ親しんだ仕事であり、私はその成長を見守ってきた。このマニュアルは、あなたがその仕事のメンバーになる入り口である。どうか、私たちがそのプロ意識、倫理観、献身的な関わり方を称賛できるような調査報道ジャーナリストの一員になってほしい。

マーク・リー・ハンター（編集者/主要著者）　**パリ、オルフス、アンマン、ロンドン、リレハンメル**

第1版まえがき

ヨルリ・フーダ（Yosri Fouda）　アルジャジーラ調査報道局長（Al JazeeraAl Jazeera Chief Investigative Correspondent）

　1996年のアルジャジーラ発足の後、私は勇気を出して、とっぴなアイデアを経営陣に提出した。隔月で45分間の調査報道プログラムを作る代わりに、1度に2カ月間自由に行動させてほしいと申し出た。その当時のアラブのテレビ局のノルマは、2カ月分のラッシュ映像のためには、45分間の時間しか与えられなかった（私は、ちょっと誇張して言っている）。予期はしていたが、私のこの提案はばかげたものだと一蹴され、私はこの職業特有の壁にまたしてもぶつかった。

　しかし、数カ月後、社長のハマド・ビン・サマル・アル・サーニ（Hamad Bin Thamer Al Thani）が、どういう理由か、このリポートの試作品を作成するように私に求めた。当時住んでいたロンドンで、私はほとんど制作費ゼロで、このパイロット版の準備、撮影、編集をしなければならなかった。炭疽（たんそ）菌がこのパイロット版のテーマに向いているように思えた。理由は、ともかくロンドンという場所がこのリポートにとっては好都合に思えた。なぜなら、最近のリークによって、英国の前政権が軍用に転用できる機器をサダム・フセインに輸出することに関与していたことが分かったからだ。国連の制裁の中、イラクに軍用に転用できる民生機器を輸出することは違法だった。

　昨日までの基準で見たとき、私のパイロット版リポートは、アラブ圏における調査報道への行き詰まりを打破するものと見なされた。そのため、そのパイロット版は思いもかけず放送され、数回も再放送された。その当時、アルジャジーラはほとんどのアラブ圏の政府から激しく非難されていた。

　アルジャジーラは、1998年の「Cairo Festival for Radio and TV Production」に、カタールのテレビ局を代表して出品し、受賞した。それは、同局がそのような賞に参加した最初で最後の例だった。しかしそれは、10年にもわたるシリーズ「最高機密（Sirri Lilghaya：Top Secret）」の序章にすぎなかったのだ。

アラブ圏の新聞業界はこのようなジャーナリズムの試みに後ろ向きではあったけれど、アルジャジーラは最初の24時間ニュース局としての人気を獲得していき、アラブ圏の視聴者にとって非常に新しい分野を開拓してきた。世界の中の私たちの地域の特異性を考えると、人気には潜在的な危険性がつきものだが、気にしなかった。調査報道ジャーナリストを真剣に目指す、アラブ圏の若い記者やプロデューサーたちにとって、さまざまなレベルで克服しなければならないいろいろな困難がある。

　第一に、産業的観点から見ると、たいていの私たちのニュース組織は質よりも量を重視する文化を持っている。何よりも、質の高いニュースを発信するには、高度な経験と知識のある経営陣、継続した訓練、統合されたチーム、現実的な予算、さらに言うならば、時間が必要とされる。掘り下げた報道を称賛しない経営者や編集者はめったにいない。しかし、同様に、その称賛を現実のものにすることに熱心で、かつ能力のある経営者や編集者もめったにいない。彼らは伝統的に問題そのものの一部であるが、しかしこの文化を変えようとする、包括的試みにとっては解決策の一部を担っているという目で見たほうがよい。良い点は、この分野における私たちの後進性は、先人から受け継がれた資質とはまったく関係ないということだ。悪い点は、私たちがこのまま内部の問題を解決できないままだと、外部からやってくる深刻な試練に立ち向かうことができない、ということだ。

　第二に、個人の安全の観点からすれば、「良いジャーナリストであることはトラブルを求めることである」という文句はどんな形態のジャーナリズムにとっても当てはまらない、と言っておかねばならない。それ故にリスク計算は、調査報道ジャーナリズムにおいて重要だ。ジャーナリストの命を犠牲にするほど価値のあるニュース報道は存在しない。単純に見えるようだが、調査報道についていまだ学習中の世界であるからこそ、このことに注意を払う必要がある。アラブ圏の世界は、若く、感受性の強いジャーナリストであふれている。彼らは、ときとしてどんな代償を払ってでも、自分の真価を証明しようとすることに一生懸命であり、自分の安全や生存に関して無頓着な傾向がある。彼らの勇気はジャーナリズム界にとって明るい展望ではあるが、また破滅への道につながりかねない。このような状況の改善は、メディアの各部

門、訓練センター、経営部門にかかっている。しかし、最も大きな部分はジャーナリスト自身の肩にかかっているのだ。誰かの生命が失われるような結果になったとすると、究極の代償を払うのはジャーナリストである。そして、ジャーナリストはもう1本のストーリーを書くために生きようと決心することのできる人間である。

　第三に、法的視点からすると、調査報道は地雷原とも言える。しばしば調査報道は、腐敗や怠慢やシステムの欠陥が存在するような場所へと頻繁に出入りする。調査報道ジャーナリストはいつも「どのようにして」「なぜ」で始まる問いに答えようとするので、そのような悪い付き合いに混じっていくとき、すさまじい法的な危険が伴う。問いに答えるために、彼や彼女は、大義名分の名の下に透明性の低い方法をときとしてとらなければならない。公共の利益と大衆の一時的な関心の違いを理解しているジャーナリストは少ない。さらに少ないのは、法を順守しながら、スクープ記事をものにするジャーナリストである。明らかに、法的なものへの自覚は必須のことだ。

　第四に、政治的視点から、多くのアラブ諸国政府は、市民に情報を提供することは危険なことだと思っている節がある。事実というものは常に観察されなければならず、そして私たちにとっての神聖な目的を譲歩しない方法で賢くとらえなければならない。つまり、私たちが心から真実だと信じるものにたどり着き、それを読者、視聴者、支配者、被支配者に伝えなければならないのだ。アラブ圏の政治的な現実からすれば、間違いを許容する範囲は、世界で一番小さいだろう。そのことはまた、興味深い挑戦を突き付けてくる。ジャーナリストの中には、この種の挑戦を喜ぶ者もいる。しかし、これは知識と経験、またその両方を必要とするのだ。ジャーナリストと政治家の関係を支配するメカニズムは、ある重要な意味で、売買春の関係に似ている。両者はお互いに情報源でありながら、お互いに目的を持って利用し合っている。それは、ゼロ・サム・ゲームではない。ジャーナリストが目的にたどり着き、かつ生命を安全に保つことのできる第三の道は、いつも存在している。

　第五に、文化的視点から、口承文化が有力な地域で、真剣な調査報道が栄えるのは難しい。私たちの地域の文化は、数字、データ、統計にそれほど重きを置かない。というのは、言葉、リズム、構造のほうにより多く動かさ

れる傾向があるからだ。幸運なことに、これが障害になるということではない。逆に、自分の能力を磨くことによって、この傾向を有利な展開に持っていくことができる。そして、明らかにこれは投資すれば、利益を得られるような興味深い分野である。ほんとうの問題は、私たちの社会が、調査報道とは一体何かということをきちんと理解できているか、できていないかという点にかかっている。私たちが、一般市民を味方に付けるには、まだその分野での教育が必要である。そうしないと、去年どのくらい多くの若いエジプト人がイスラエル国籍の所持者と結婚したかを調査しようとすると、アラブの国々とイスラエルとの根深い確執のため、ジャーナリストはスパイの疑いを一般市民に容易にかけられてしまうことになる。

　言わずもがなであるが、ジャーナリズムのこの最先端の形式には、精神的、感情的、心理的、社会的危険性が伴う。また、それはばかげたほどに労力を必要として、文字通り一生を賭けてやる仕事になるかもしれない。この分野で成功したいなら、一般的な人生の幸せに「さよなら」をしなければならないが、幸運なことにいつもそうであるわけではない。ジャーナリズムに燃えるような情熱があるのなら、決して悪いスタートではない。絡まった糸を解き、点をつなぎ合わせ、発見の瞬間にたどり着いたときには、形容できないほどの喜びが得られる。しかし、とりわけ、見知らぬ誰かが突然近づいて来て、「ありがとう」と言ってくれるときほど、ジャーナリストの感情を癒やしてくれるものはない。そして、その感情は、次の調査報道に向かわせるのに十分なのだ。

ヨルリ・フーダ（YOSRI FOUDA）　**アルジャジーラ調査報道局長**

[主題]

第1章
調査報道の手法を用いたジャーナリズムとは何か
―― 調査報道ジャーナリズムは通常の報道とは違う

マーク・リー・ハンター、
ニルズ・ハンソン

ここまでのプロセス:
1―私たちは、何をしているのか
　それはなぜなのかについて把握する必要がある。

1-1
調査報道ジャーナリズムは通常の報道とは違う

> **調**査報道とは何か。どのようにして行なわれるのか。どうして私たちはそれをすべきなのか。この分野の歴史における決定的な瞬間である、ウォーターゲート事件から半世紀を経ても、一般市民もジャーナリストも調査報道について明確な定義付けはできていない。私たちが考える調査報道とは、次のようなものである。

　調査報道が意味しているのは、権力者によって意図的に隠された問題や、理解を妨げるような、大量の事実と混乱した状況が背景となって偶然にも埋もれた問題を世の中に明らかにすることである。そのためには、秘密の情報源や公開の情報源、そして記録文書を使用することが必要となる。

　通常のニュース報道は、警察、政府、会社などの他者から提供された情報に部分的に、ときとして完全に依存する。その手法は、受け身とまでは言わないまでも、根本的に状況反応的である。それとは対照的に、調査報道は、記者が率先して取材し、得た情報に左右される（それ故に、この手法は、しばしば、"企画取材"(enterprise reporting)とも呼ばれる）。

　通常のニュース報道は、世界をありのままに、客観的なイメージを作り出すことを目的としている。調査報道では、世界を改善するという主観的な目的に向かって、客観的に見て本当の材料、すなわち分別のある観察者が真実だと認めるような事実を使用する。その手法は、大義名分の下にうそをつくための許可証ではない。世界が変わることができるために真実を知ること、それが責任である。

　一部のプロの人たちは、調査報道は丁寧に行なわれた、昔ながらのジャーナリズムの手法にすぎないと主張したがるが、そうではない。事実、通常の報道も調査報道も、誰が(Who)、何を(What)、どこで(Where)、いつ(When)、という要素に焦点を当てている。通常の報道の5番目の要素である、「どう

して(Why)」は、調査報道では、「どのようにして(How)」に置き換わる。その他の要素は、量的な面だけでなく、質的な面からも発展が見られる。「誰が」は、ただ単に名前や肩書ではなく、それは個性であり、性格特性と生き方を伴うものだ。「いつ」とは、ニュースが発生した時点ではなく、歴史的に連続したものであり、ストーリーでもある。「何」は、単に出来事ではなく、原因と結果が伴う現象である。「どこで」は単に住所ではなく、ある特定の物事が多かれ少なかれ可能となる背景である。これらの要素と細部の描写が最大限発揮されると、力強い美的な品質を調査報道に与え、情動効果を強める。

　要するに、記者は日常の報道と調査報道の両方を、キャリアの過程で行なうかもしれないが、その2つは、ときとして、大いに異なったスキル、業務習慣、過程、目標を含んでいる。これらの違いを次の表に詳述する。これらを明確に相反するものとして扱うべきではなく、むしろ置かれている状況が表の左に合致するときは、記者は、通常のジャーナリズムを行なっている、ということを意味する。状況が表の右と一致すれば、記者は調査報道の手法に基づいて活動し始めているということである。

通常のジャーナリズム	調査報道ジャーナリズム
リサーチ	
情報は収集され、一定の間隔、日刊、週刊、月刊ベースで報道される。	情報は、首尾一貫性と完全性が担保されない限り、発表されない。
調査は、迅速に行なわれる。記事が完成すると、追加調査は行なわれない。	記事の正しさが確認されるまで、調査は継続される。発表後も続くこともある。
記事は、必要最小限の情報に基づき、可能な限り短くする。	記事は入手可能な限り最大限の情報に基づく。したがって、記事はとても長くなる可能性がある。
情報源の発言は、文書の代わりになる。	記事には情報源の発言を肯定もしくは否定する文書が必要である。
情報源関連	
情報源を信用することが前提とされる。しばしば信用性の検証は行なわれない。	情報源の信用性は前提とされない。どのような情報源も誤情報を提供しうる。信用性の検証なしには、どのような情報も使われない。
当局の情報源は、自分自身と計画を売り込むために情報を記者に惜しみなく提供する。	当局の情報は記者から隠されている。なぜなら、その開示は当局や機関の利益を損ないかねないからである。
記者は、当局発表を他の情報源の説明や意見と照合しなければならないのに、公式バージョンのストーリーを受け入れなければならない。	独自情報に基づいて、当局が語る公式バージョンのストーリーにはっきりと異議を唱えるか、否定することができる。

記者は、一般的に情報源が提供した情報を取捨選択し、全てを使用するわけではない。	記者は、個々の情報源が提供した情報のほとんどを記事中に使用し、場合によっては情報源が提供した情報以上のものを含める。
情報源が誰であるかが分かるように、ほとんど常に明示される。訳注1)	情報源が誰であるかは、彼らの安全のためにしばしば伏せられる。

結果

記事は、ありのままの世間の反映とみられている。記者は一般市民に情報を提供する以上の結果を望まない。	記者は、ありのままの世界を受け入れることを拒否する。記事は、ある状況の真相を突き止め、明らかにすることを目的にしている。いまの状況を改革したり、糾弾したり、場合によっては改善策を奨励するために行われる。
記事は、記者個人の献身的な姿勢を必要としない。	記者個人の献身なくして、記事は完成しない。
記者は客観的であろうとする。記事中のどんな関係者に対しても先入観を持って不公平な見方をしてはいけない。	記者は、記事の事実に対して公正で、誠実であろうとする。その上で、誰が犠牲者であり、英雄であり、悪事の張本人であるかを示してもよい。記者はまた、記事で判断を下してもよい。
記事でドラマ仕立ての構成は、重要視されない。ニュースは継続中なので、記事に終わりはない。	ドラマ仕立ての構成は効果があり、肝要である。それにより、記事は、記者や情報源が提供する結論へ導かれていく。
記者による間違いは起こりうる。しかし、それは避けられないことであり、通常、重要ではない。	記者は間違いにより、公式、非公式の制裁を受ける。それは、ジャーナリストや掲載メディアの信頼性を破壊することになりかねない。

訳注1）これは日本では必ずしも通常の型にはなっていない。「関係者によれば」「政府高官によれば」が多用され、情報源の人間が明示されないことが多い。藤田博司『どうする情報源——報道改革の分水嶺』リベルタ出版、2010年、はこれを批判し、改善を促した。注意すべきは、そこで問題となっているのは当局側の情報源だということ。それに対して、調査報道で課題となるのは、内部告発側の情報源である。その場合にはそれを明らかにしないことにより、情報源の安全を守るということである。

　調査報道は、普通のジャーナリズムよりも多くの仕事を必要とするように見えるだろうか。実際、その過程の全ての段階において、より多くの作業が必要とされる。しかし、それを効率的に楽しんで行なうことは可能だ。それはまた、一般市民、所属する組織、自分自身にとって、見返りはより大きい。

▶一般市民にとって

　読者や視聴者は付加価値のあるストーリーを好む。他では得られない、信頼できる、生活に活力を与えるような情報である。それは、政治、金融、家庭で使用する商品についての情報かもしれない。重要なことは、これらのテーマに関してジャーナリストが語ることにより、人々の生活が変わりうる。

次のことを書き留めておこう。調査報道とは、ただ単に成果物のことではない。それは奉仕であり、その奉仕によって人々の生活がより力強く望ましいものになる。

▶所属組織にとって

調査報道はニュースメディアにとって贅沢品だと言わせてはならない。ほとんどのニュースメディアは利益を産み出すのに苦労しているが、しかし、調査報道を適切に行ない、管理し、そして自己の価値を大きくするために調査報道を使うメディアは、利益をあげることができる。フランスの週刊誌「カナール・アンシェネ」(The weekly Canard enchaîné)と英国のエコノミスト・グループ(The Economist Group)は、二つの大変異なった例である）。さらに、そのようなメディアは、コミュニティ内で、多大な影響力と信頼を手に入れることができる。そのようなコミュニティは情報へのアクセスが増し、したがって競争力を増すことができる。

▶あなた自身にとって

数十年にもわたって、私たちは調査報道ジャーナリストたちを訓練してきたが、しばしば、「敵を作りはしないか」との質問を受ける。ほんとうのところ、作業を適切に行なえば、敵よりも多くの友人を作ることができる。また、所属の業界内外で名を知られるようになる。スキルは高く評価され、ジャーナリストを辞めたとしても、仕事の依頼がある。調査報道のスキルを持たないジャーナリストには、同様のことは言えない。彼らはとても簡単に交換可能であり、彼らのスキルは職場の域を超えない。最も重要なことは、驚くべき形で個人的な変化が起きる。誰かが情報を伝えてくれるのを待つよりも、自分自身で真実にたどり着く方法を知っているのでより人間として強くなる。疑念を感じ取ると同時に恐怖を克服する方法を学ぶ。世界を、新たな、より深い方法で理解するようになる。ジャーナリズムは多くの人々を冷笑的で、怠惰で、ほんとうに何の役にも立たないものにもするが、調査報道はあなたがそのような状況に陥らないように助けてくれる。あなたがジャーナリズムと自分自身に気を配れば、見返りは非常に大きく、自分自身と読者や同

僚たちに、調査報道による付加価値を提供することができる。

1-2 調査報道のためのストーリーを選ぶ

> **駆**け出しの記者は、しばしば、「どのようにして、調査するストーリーを選べばいいのか」と尋ねる。多くの場合、彼らは、それを見つけるのに困難を感じている。しかし、私の学生がかつて言ったように、「素材はどこにでもある」もので、問題はそれを見抜くことだ。幸いなことに、調査が必要なストーリーに気づくための多くの方法がある。

　一つは、メディアを観察することである。一般的に、ある特定の分野を観察するのは良い考えである。そうすることで、パターンに気付き、何か異常な事態が発生したときにすぐ分かる。ストーリーを書き終えたあとで、「どうして、それは起こったのだろう」と考えたとする。すると、高い確率で、さらなる調査が必要な場合が多い。

　もう一つは、身の周りの変化に注目し、それを当たり前だと受け止めないことである。偉大なベルギーのジャーナリスト、クリス・デ・ストープ（Chris de Stoop）が女性の人身売買に関する、画期的な調査を開始したのは、仕事の途中で遭遇したベルギー人の売春婦が外国人に取って代わられているのに気付いたからである。

　三つ目は、人々の不満に耳を貸すことである。「どうして、状況はこのままなのだろうか」「何もできないのだろうか」。村の市場、インターネットのフォーラム、夕食パーティーなど人々が集まる場所ではどこでも、変わったこと、ショッキングなこと、興味深いことを聞くことができる。

　最後に、不正行為に関連した物事のみを追及することはやめたほうがよい。うまくいっている物事を丁寧に報道することは、しばしばもっと難しいことである。新しい才能、目標を達成した開発計画、富と雇用を創り出している

会社を理解することは難しい作業である。成功事例や最優良事例がほかでも再現できる要素を見つけ出し、読者に伝えることは価値のある仕事である。

　覚えていてほしいことは、特に調査報道を始めたとき、小さなプロジェクトなどというものはあり得ない。都会から離れた集落で、調査に必要とされるスキルは、首都で必要とされるスキルと同じだ。それは理屈ではなく、私たちの経験からそう言っているのだ。今、自分がいる場所で起こっている出来事を報道することで、調査報道のスキルを練り上げるべきである。何をすべきかを学ぶために、いちかばちかの大勝負の調査報道に関わる機会が来るまで待つべきではない。

　何よりも重要な事は、自らの情熱に従え、ということだ。この原則には２つの側面がある。

　第一に、私たちが「骨折した脚のシンドローム(broken leg syndrome)」と呼ぶ概念がある。どうしてそのように呼ぶかというと、人は自分の脚を骨折するまで、どのくらい多くの人々が脚を引きずっているのかに気付かないからだ。一般的に、私たちはある現象に敏感になっていない限り、その現象に気付くことはない。他の誰も真剣に受け止めないようなストーリーに敏感になるように、自身に内在する情熱を向けよ、ということだ。

　第二に、もしあるストーリーがあなたを魅了したり、憤激させたり、あるいは変化を見出そうという強い願望をあなたに引き起こすものではないならば、他の記者にそれを渡すべきである。同様に、あなたが編集者なら部下の記者が調査取材を単なる仕事としてしか見ていないかどうかに注意を払おう。もしそうならば、その取材は別の記者に渡すべきである。

　なぜなのか。思い出してほしい。調査報道は、余計な労働を必要とする。もしあなたがストーリーに興味がなければ、余計な仕事をしたいとは思わない。もちろん、あなたは重要性を認識して、それをこなすことも可能であり、全ての状況にプロとして対応することも可能であろう。しかし、ストーリーがあなたの琴線に触れるものでなければ、いずれにせよ失敗してしまうだろう。

1–3 そのストーリーに価値はあるのか

> あまりにも多くの調査報道が、間違った理由で行なわれてきた。情熱は重要だが、復讐心も情熱になりえる。そして、記者や発行者の中には、調査を利用して個人的な復讐を成し遂げる例もある。調査報道は労力を要するものなのに、中には取材しやすいという理由だけで、書かれるストーリーもある。あまりにも多くのジャーナリストが、自身の書くストーリーが読者にとって重要かどうか、またはその理由を考えようとはしない。

執筆する必要があるストーリーであるかどうかを評価するため、次の質問を自分自身に問いかけてみよう。

・どのくらいの人々が影響を受けるのか。（私たちはこれを"獣のサイズ the size of the beast"と呼ぶ。）
・どのくらいの影響力があるのか。（ここでは質は量と同様に重要である。もし誰かが死亡するか、誰かの人生が破滅するなら、そのストーリーは重要である。）
・人々が良い意味で影響を受けるのなら、その原因は他でも再現可能か。
・その人たちは犠牲者か。
・彼らの苦しみは避けられえたのか。
・私たちは、どのようにしたら避けられえたかを示すことができるか。
・処罰されるべき不正行為者や犯罪者はいるのか。あるいは、少なくとも糾弾されるべきか。
・何が起こったかを伝えることは、いかなる場合でも重要なのか。伝えれば、それは再び起こるのか、起こらないのか。

私たちは、世界は苦しみに満ちており、その苦しみのほとんどは無用で避けるべきであると考える。それらは、悪徳や間違いの結果である。苦しみや

残酷な行為や愚行を減らすためなら、何でも行う価値がある。調査報道はそういう目的を促進することができる。

　単に自分のキャリアのために利用するのではなく、まずは、奉仕の精神でとりかかるべきである。調査報道は武器であり、故意か不注意かにより他人を傷つけかねない（リチャード・ニクソンの追及のためとはいえ、ウッドワードとバーンスタインは、ウォーターゲート事件で、自身の決定で、無実の人々のキャリアを破壊した）。ジャーナリストとしてのキャリアの中で、自分の存在は他人にとって最善のものか、最悪のものになる可能性がある。あなたがどんな役割を演じるか、誰のためか、そしてどうしてそれをするのか、について注意を払うべきだ。他人を調査する前に、自分自身の動機を見つめ直しなさい。その調査報道が他人よりも自分にとって重要であるならば、それは多分するべきことではない。

　私たちは、ジャーナリストとしてのキャリアの中で、何百という調査を行なってきた。いずれの場合でも、どこかの地点で、誰かが近づいて来て、「どうして、このような質問をするのか」「この情報で、何をするつもりなのか」「どんな権利で取材をしているのか」と質問してきた。もし、良い答えを用意してなく、「一般市民の知る権利のためです」と答えたならば、それは間違いであり、そこで調査は終了する。通常、私たちはこう答える。「ここで起こっていることは、あなたや他の人々にとって重要です。私はこの出来事を報道するつもりだし、そのストーリーを真実のものにしたい。あなたにそれを手伝ってほしい」。

　このようなときあなたが何を言うにしても、自分自身を納得させる返答をするべきであり、相手にとって道理にかなった返答でなければならない。人々はジャーナリストを嫌う傾向がある。その理由の一つは、人々が私たちの動機を信用していないということだ。私たちはあなたにもそれを変える手助けをしてほしいと思っている。

［仮説］

第2章
仮説の使用──調査方法の核心部分

**マーク・リー・ハンター、
ルーク・サンジェ、ピア・ソードセン**

ここまでのプロセス：
1──テーマを見つける。
2──立証すべき仮説を立てる。

2-1
仮説とはストーリーであり、それを検証する手法である

記者（リポーター）はいつも編集者（エディター）が自分たちの素晴らしいストーリーの提案を受け入れないと不満を言う。確かに、ありうることである。しかし、多くの場合、編集者が拒否するのはストーリーにならないからだ。計画が不十分な調査取材の誘いにのれば、とんでもない災厄に巻き込まれることになる。大変不確かな結果のために時間とお金を無駄に使うことになる。若かった頃、私たちは編集者につまらないストーリーの取材計画を持ち込んだものだ。しかし、たいていの場合、調査に取り掛かる前に編集者がボツにしてくれたので、助かった。

たとえば、「私は腐敗・汚職を調査したい」と持ちかけても、これは編集者からすれば、素晴らしい提案ではない。腐敗・汚職は世界のいたるところにある。十分な時間をかけて探せば、腐敗のいくつかは見つかるだろう。腐敗自体は一つのテーマである。しかし、それはストーリーではない。ジャーナリストの仕事はストーリーを語ることだ。あなたが、ストーリーではなく、テーマを追求するのなら、そのテーマの専門家になれるかもしれない。しかし、この先、たくさんの時間とお金とエネルギーを費やさなければならない。だからこそ、優秀な編集者なら「ノー」と答える。

その代わりに、あなたが「学校制度における腐敗が、将来、自分の子どもたちがより良い生活を送れるようになってほしいという両親の希望を打ち砕いた」と言えば、それは具体的なストーリーを提案していることになる。それはずっと興味深い。

あなたが分かっているかどうかは別として、あなたは仮説を述べようとしている。なぜならあなたのストーリーは正しいものかどうか、まだ証明されていないからだ。

学校に腐敗があると提起するなら、それは少なくとも２つのグループ、両親と子どもたちに衝撃的な影響を与える。それは正しいかもしれないし、正しくないかもしない。これから事実を探し、裏付けをしないといけない。

　さて、あなたの仮説が道理にかなっているかどうかを調べたいならば、その仮説は、答えられるべき具体的な問いを定義しなければならない。これは、その仮説を徹底的に分析し、その仮説がどのように具体的な主張をしているかを一つずつ調べていく過程を通して行なわれる。そこで、私たちはそれらの主張の当否を順々に検証することができる。さらに、ストーリーを語るために私たちが用いる言葉に私たちがどのような意味を込めているのかを調べる必要がある。なぜなら、うまく目的を達成するためには、言葉の意味を理解し、定義しなければならないからである。

　どんな順序で問いに答えてもいいが、あなたが苦もなくついていける順序が一番いい。調査は遅かれ早かれ困難となるだろう。なぜなら多くの事実と情報源が関係しており、つまりたくさんの材料を整理しなければならないことを意味するからだ。また、あなたの評判を危険にさらす前にちゃんとストーリーを理解したかどうか、心配事はたくさんある。
　私たちの仮説の実例では、開始にあたって手っ取り早い道は、両親と子どもたちから彼らの希望と絶望について聞くことだった。
　学校には確かに腐敗が存在しているということを証言する、少なくとも４人の情報源を探し出した時点で（4人以下では、大変リスクが大きい）、学校のシステムがどのように機能しているかを調べ始めることができる。学校のルール、手続き、定められた理念と使命を調べる必要がある。
　学校のシステムがどのように機能しているか分かってくると、腐敗が発生する灰色と黒のゾーンが見えてくる。あなたが聞いて、見つけた現実と制度の問題点と比較検証することができる。

仮説の作業プロセス図解

最初に仮説設定
>各項目を切り離す
>項目をより正確に定義し、問いを立て、調べる

- どんな学校で、何校?
- 腐敗は各校、同じやり方か?
- 腐敗禁止規定は?
- なぜ規則は機能しない?
- 働いている人たちの職種は?
- 権限と報酬の配分は?

→ **学校システム**の

- 「腐敗」の正確な意味?
- 賄賂、えこひいき、雇用の縁故主義?
- あるとして、どうなっているか?

→ **腐敗**が、

- 子どもたちは事態を知っているか。
- 腐敗は彼らにどう影響?

→ **子どもたち**が 将来 **よい生活ができるように**という、

- 教育はほんとに子どもたちの将来に役立つか?
- どのように?

- 両親は腐敗を体験したか?
- 彼らの希望は何か?
- 彼らは教育が夢の実現に役立つと思っているか?

→ **両親の希望を打ち砕いた**。

2-2 仮説に基づいた調査の利点

　上記の例では、たくさんの作業があるように見えるだろうか。しかし、それはニュース記事が書かれるやり方と比較するから、多いと見えるのだ。たいていのニュース記事は一人か二人の情報源から聞いて書くか、プレスリリースを書き直すくらいである。仮説による方法を多くの他の調査手法と比較すると、省力化の利点は明白である。

▶1. 仮説にしたがって検証していけば、秘密は自ずと明らかになる

よほどの理由がない限り、秘密を自ら明らかにする人はいない。すでにあなたが知っている情報については、うそはつきたくないという単純な理由で情報源が認める可能性は高い。仮説は、新しい情報を入手するためというよりも、あなたが情報源に何かについて確認を求めるのを可能にしてくれる。また、新しい事実の発見によって仮説は変わりうるので、あなたはそれを柔軟に受け入れなければならない。

▶2. 仮説によって取材者の秘密発見の機会が増える

私たちが「秘密」と呼ぶものの多くは、単に誰もそれについて質問しなかったために、秘密になっているのだ。仮説は、あなたをこれまでよりも物事に敏感にさせる心理的な効果を持っており、それによって疑問点を提起することができるようになる。

フランスの調査報道記者エドウィー・プレネル（Edwy Plenel）は、「あなたが何かを見つけたいと思うのなら、それを探しに行かなければならない」と言った。付け加えるなら、あなたがほんとうに何かを探しているのなら、あなたが探している以上のものを見つけるだろう。

▶3. 仮説はプロジェクト管理をしやすくする

何を探しているのか、どこで探し始めるかが決まったならば、調査を始めるのにどのくらいの時間がかかるかが分かる。これは、調査報道プロジェクト管理の第一段階である。この点については、本章の最後で、また説明する。

▶4. 仮説は繰り返し使えるツールである

方法論をもって仕事をすることができるようになれば、あなたのキャリアはうまくいく。さらに重要なのは、あなた自身が変わるだろう。何をすべきかを、他人にいちいち教えてもらう必要がなくなる。あなたはこの世界の混乱と苦痛に対処するために何がなされるべきかを分かり、それを行なうことができるようになる。そもそも、そのためにあなたはジャーナリストになったのではないか。

▶5. 仮説はあなたが単に大量のデータでなくストーリーを伝えたいという意志を確実にしてくれる

　編集者たちは、ストーリーが発表できるようになるまでに、どの程度の期間がかかり、人員や費用などの資源の投資がどれくらい必要かを知りたい。仮説によって成果の見通しが可能となり、確率性が非常に高まる。あなたは最悪のケースだけでなく、最小限と最大限の肯定的な結果を予測することができる。

・最悪のケースでは、仮説の検証作業ですぐにストーリーにならないことが明らかになり、大切な資源を無駄に使わないで、プロジェクトを終了することができる。
・最小の肯定的な成果は、最初の仮説がすぐに正しいと立証されるような場合だ。
・最大の肯定的な成果は、この仮説が正しければ、論理的にほかの仮説もそうなるはずだから、関連するストーリーのシリーズものか、とても大きなストーリーか、どちらかを発表することができる。

　さらに多くの利点があるが、先に進む前に、注意もしておきたい。

2-3 仮説は危険な場合もある

新　米リポーターは正しい記事を書いたときに降りかかる事態をとても心配する。復讐されるだろうか。訴えられるだろうか。経験豊富なリポーターは、間違ったストーリーを書いたら最悪の問題が起こるのを知っている。もちろん、正しいか、間違っているかにかかわらず、訴えられるかもしれないし、刑務所にぶち込まれるかもしれない。しかし、はっきり言って、事実に反するストーリーを書くことは世の中を悲しく、醜い場所にする。

だから、これは覚えておいてほしい。証拠もないのに、何が何でも自分の仮説の正しさを押し通そうとすれば、世界的な詐欺師の仲間入りすることになる。無実の人を罪に陥れる不正義の警官やまるで石鹸を売るように戦争を売っている政治家たちと同じだ。調査報道ジャーナリズムは、自分の正しさを証明すること以上の仕事だ。それは真実を探すという仕事だ。仮説に基づく調査は、多くの真実を掘り出すことができるツールだが、誤って使えば、それは無実の人たちを埋葬する墓を掘ることにもなる。

　具体的に言うと、あなたの仮説の誤りを証明する事実を無視すると、あなたはこの世の中を悪化させることになる。不注意のミスもあからさまなうそと同じくらい、世界に混乱と苦しみをもたらす。どちらも、あなたの仕事はやりやすくなるが、その後始末は他の誰かがやらなければならない。毎日そのようにしているジャーナリストも多いが、それは許されることではない。

　私たちの持論では、地獄にもジャーナリストが大勢いて、仮説の悪用はそこにたどり着く片道切符である。仮説の使用にあたっては、正直で、注意深くあるべきだ。仮説の正しさを立証するのと同じように、その反証も試みよ。このテーマについては第7章の「品質管理」でさらに触れることにする。

2-4 仮説はどのように機能するか

▶1. 最初の仮説が正しいければ、問題でない理由

　仮説として調査の枠組みをつくることは、科学と同じくらい古い手順であり、それは警察の捜査やビジネスコンサルティングのような違う分野でも使われ、うまくいっている（仮説を立てて調査する方法は、ジャーナリズムでは意識的な手法としてごく最近になって取り入れられた。そのこと自体が普通でない）。

　要は、その手法はメンタルトリックに基づいている。手持ちの最善の情報に基づいて、現実にありうるかもしれないことを想定したステートメント（供述書）を作成する。そして、それを正しいと証明したり、誤っていると反証し

たりする情報を探していく。これが検証のプロセスである。

　前に述べたように、もしも全体の仮説が確認できない場合には、それを構成する個別の項目をそれぞれ切り離して確認することもできる。それでも確認できない場合は、最初に戻って新しい仮説を立てる。全部または一部を正しいと立証できない仮説は単なる憶測にしかすぎない。

　もしもステートメントが証拠によって正しさが再確認されれば、それは素晴らしい。あなたはストーリーを手にしている。ステートメントが仮に正しくない場合も、それもまた素晴らしい。なぜなら、それは最初に考えたものよりもいいストーリーになる可能性があるからだ。

▶2. 成功するための仮説の組み立て

　最初の仮説は、3センテンスより長くなってはいけない。以下の2つの理由のためである。

　それよりも長い文だとあなたはほかの人に説明できない。あなた自身もおそらくそれを理解していない。

　仮説はストーリーとして書かれる。これは非常に重要なことである。なぜならストーリーとともに始まり、ストーリーとともに終わるからだ。ジャーナリストは情報を集めるだけでなく世の中を変えたいと思ってストーリーを書くのである。仮説は、あなたが編集者や発行者、一般の人たちにストーリーを説明するのに役に立つ。

　ストーリーの最も基本的な形は以下の3つの文章か、それに多少手を加えたものだ。

- 私たちは、大きな苦難をもたらす、ある状況に直面している（その状況は一つの事例としてもっと広く知られる価値がある）。
- どのようにしてこういうことになったのか。
- もしも何も変わらないなら、こういうことが起こるだろう……そして、どのようにしたら事態を良い方向に変えることができるかがここに書かれている。

これらの文章についてあることに気づいてほしい。文章が暗に時系列になっている。順序が過去から未来へと一直線ではないので、見た目にははっきりと分からないかもしれない。そこで次の文章にしよう。

・ニュースが問題になっているのは現在である。
・問題の原因は過去にあった。
・問題をなくすために変えるべきことは将来にある。

　このように、私たちが仮説を構成するとき、すでに「語り」(narrative)を構成し始めている。つまり、特定の場所と時間を移動する人たちが登場するストーリーである。
　調査で最も困難なことは、語りに注意を集中することである。そして、決して事実の中に埋没してはならない。あなたの仮説はあなたを助けてくれる。困ったら作業を止めて、事実が語りかけるストーリーに注目したらいい。もし、事実が最初の仮説に合わないときは、その仮説を変えるべきである。結局のところ、仮説はただの仮説にすぎない。
　ところで、どのように問題に結末を付けるか、提示するのが非常に困難で、不正を糾弾することがなしうる精一杯の場合もある。しかし、多くの場合にストーリーの関係者の中で解決策を探してきた人がいる。そのような人を探すのを怠ってはいけない。

▶3.仮説を効果的にする4つのキー

　仮説の使用は複雑な技ではない。あなたが私たちより才能があるのならともかく（ありうるかもしれない）、その手法が身につくまで何回か試してみる必要がある。仮説を機能させる4つの重要なことを覚えておくとよい。

想像力を働かせる
　ジャーナリストは通常、状況に対応して仕事をする。彼らは見たり、聞いたり、読んだりしたことを伝え、また昨日のニュースをフォローアップする。他方、調査ジャーナリストは、まだ知られていないことを明らかにしよ

うとする。彼らはニュースをカバーするだけでなく、調査報道も成し遂げる。そこで、彼らは必然的に不確かな未来に飛び込んでいくことになる。つまり、ストーリーを描こうとしているということであり、これは創造的な仕事なのだ。

細部まで正確を期す

　あなたが仮説で「家(house)」という単語を使用する場合は、それは「大邸宅(villa)」か、「高級高層アパートメントの最上階の住まい(penthouse)」か、または「掘っ建て小屋(shack)」か。その答えが重要だ。前提とされる事実について正確であればあるほど、後の検証は容易になる。

経験を活用せよ

　世の中がそれなりのやり方でどのように機能しているか、知っていると、あなたが立証しようとしているストーリーにそれを応用できる。あなたの経験は、仮説を調整するのに役立つ。

　これも覚えておくといいことだが、最も経験のある人たちでさえ初めて見ることには驚かされる。自尊心の強い人たちでも、自分の経験を割り引いて考えざるをえない。

　　［例］
　　　その対象となった会社側によれば、フランスの消費者による大規模なボイコットは、失敗した。メディアは、同社の発表をそのまま報道した。私たちは、私たちの知人の全員がその会社をボイコットしたことを知っていたので、会社の発表とは逆のことを裏付ける調査を開始した。はたして何も影響がなかったと言えるだろうか。

客観的であれ

　客観性とは、厳密に言うと、3つの意味がある。

・第一は、事実によって正しいと裏付けられた現実は、自分の好き、嫌いにかかわらず、受け入れなければならない。言い換えれば、私たちは事実に対して客観的である。事実が仮説の間違いを裏付けたならば、その仮説を

変えなければならない。私たちは事実を消し去ることをしてはならない。
- 第二は、私たちは間違う可能性があるということを前提にして、この作業を行なわなければならない。それを肝に銘じておかなければ、誰も協力してくれない。あなたは、あなたの言うことを聞こうとしない人、そして自分は何でも知っているという人には、協力しないだろう。
- あなたが事実に対して客観的であるにしても、またそうあるべきなのだが、この仕事には主観的な面もある。世界をより良い場所にしようとする試みは、客観的な目標ではない。調査報道のジャーナリストは記録係ではない、改革者である。

　私たちは、客観的な事実を使用する。そして、ある目標に進むために事実に対して客観的である。なぜなら、現実に基づかないならば、世界を改革するいかなる試みも失敗することを知っているからだ。言い換えれば、私たちは、証拠に対して中立を保つため自らを刺激し、そして全ての証拠に注意を払うように自らを奮い立たせるために、私たちの主観性を用いる。

▶4.事実があなたの素晴らしい仮説に反する場合はどうすべきか

　簡単なことだ。事実を受け入れ、新たな仮説を立てればいい。間違いの仮説に無理やりしがみついてもいけないし、仮説に反する事実が出てきた最初の段階ですぐに方向転換もできないので、ここに難しさがある。たくさんの情報は入手したが、話の筋は通らない。そのような時は、あなたは間違った情報を集めたか、仮説が間違っていたか、どちらかである。

2–5
公式見解を仮説として利用する

必ずしもいつも仮説を作成する必要はない。時には公式声明やたれ込み(密告情報)を検証するための詳細な仮説として利用することができる。これは簡単なテクニックで素晴らしい結果が期待できる。

覚えておくべき重要な原則。ほとんどの調査報道は、ある誓約が実際に守られているかどうかを検証する作業である。したがって、公式の約束は、多くの場合、仮説として役に立ち、その検証によって約束が守られているのかどうかを明らかにすることができる。

[例]

調査報道ジャーナリズムの歴史の中で最大の業績の一つ、フランスの「汚染された血液事件」の発覚はこうだった。ジャーナリストのアンヌマリー・カスターレット(Anne-Marie Casteret)はある血友病患者から連絡を受けた。血友病患者とは血液中の凝固機能が抑制される遺伝性疾患を持つ人々で、皮膚のわずかな切り傷でも血が止まらず、致命的な出血につながる。

エイズの流行の初期に、あるフランス政府機関が意図的かつ故意に血友病患者とその家族にエイズウイルスによって汚染された特殊な血液製剤を販売したと、カスターレットは主張した。

カスターレットはその機関のトップに会いに行った。その代表は彼女にこのように語った。「それは、血友病患者が私たちの製品でエイズによって感染したのは事実です。だけど…」

- 「私たちが製品を作るために使用した輸血用血液がエイズに汚染されていたことは、当時は誰も知りませんでした」
- 「もっと安全な製品を作る方法を知っていた人はいませんでしたし、したが

って誰も市場でそれを入手できませんでした」
- 「そのとき私たちができた最善のことは、まだ感染していない人が汚染した製品を受け取っていないことを調べて、それ以上ウイルスが拡散していないことを確認することでした」

　それが公式のストーリーであった。その説明は理路整然として論理的である。しかし、カスターレットがそれを一つの仮説に過ぎないものとして捉え、調べ始めると、徐々にそれを裏付ける事実がないことが分かってきた。逆に、次のようなことが明らかになった。

- 科学文献によると、輸血血液にエイズが含まれていることは当時、知られていた。(実際、その機関は、自身の製剤が感染しているとの警告を受けていた)
- 安全な製品を作る方法を知っていた製薬会社や他の政府機関があったが、彼らの意見に耳が傾けられることはなかった。
- 汚染された商品を販売したその機関は、汚染した製品を使用した人たちが健康だったかどうか、まったく分からなかった。なぜなら、彼らはエイズ感染のテストをまったく受けていなかった。ともかく、すでに病気だった人々をさらにエイズに感染させることは恐ろしい医療行為である。
- 最後に、製品の全てがエイズによって汚染されていたという、議論の余地のない証拠に直面しても、その機関は在庫がなくなるまでそれを売り続けるという決定を下していた。

　カスターレットはストーリーの全てをまとめるのに4年かかった。その価値はあったか。
　数人のホワイトカラー犯罪者を刑務所に送り込んだ。犠牲者は自分たちが孤立していないこと知り、慰められた。政府はこのスキャンダルを隠蔽しようとしたが、それが選挙での敗北につながった。殺人マシーンとなっていた医療制度は改革を余儀なくされた。
　もしもあなたがそのような仕事に時間をかけるつもりがないならば、あなたはジャーナリストではあるけれども、調査報道ジャーナリストにはなるべ

きではない。

　あなたは、どうしてカスターレット以外のジャーナリストが時間をかけて調べなかったか、不思議に思うかもしれない。彼女の競争相手の少なくとも一人が罪を犯した側の味方していたことはさておき、主な理由は、立派な人たちがそのようなことをするはずはないと誰もが信じていたからだ。

　ここで言っておきたいのは、調査は、わが身を守ろうとする調査対象者によってというよりも、自分たちが見つけた真実を受け容れることができないリポーターたちによって妨害される場合が多い。

2-6
戦略を立てて
始めよ

> **調**査の戦略を検討するために時間をかけよ。特定の作業をこなす手順、それらの作業をどう組み合わせるか。それが最終的には多大な時間の節約になる。まず、質問の初期リストが必要だ。（例：誰が血液製剤を作っているか。どのような方法で彼らは製品が安全か否かを知るか）

　ごく簡単な質問を作って調査を始めるのはとても良いアイデアだ。つまり他人に聞く必要もなく、自分で調べた情報で答えられるからである。一般的に、ニュース・リポーターはとっさに携帯電話を取って、人に質問することで取材を始める。もちろん、人に話すべきではないとは言っていない。騒ぎ立てないで、調査を開始する利点も多い。いったん調査を始めたら、とても大勢の人にあなたが何をしているか、分かってしまう。

　公文書、報道記事など公開情報があるかどうかを知っておく必要がある。それは仮説部分の解明に役立つ。公開情報があるなら、最初にそれらを参照したらいい。人に話を聞く前にストーリーを理解するのに役立つ。相手も助かる。

　米国の「センター・フォー・パブリック・インテグリティ」(the Center for Public

Integrity)では、初心者の調査ジャーナリストは情報源を訪ねる前に数週間かけて公開情報を調べなければならない。多くの時間を要しない場合もあろう。しかし、あなたが私たちや私たちが調査を教えた何百人の人たちのようであるなら、自分で見つけることのできる情報を探すために他人に頼るくせはなくすべきだ。

次の章では公開情報を見つけ、利用する方法を詳細に紹介する。

2-7 仮説に基づいた調査報道ジャーナリズムのケーススタディー
「ベイビー・ドゥー（Baby Doe）の悲劇」

仮説に基づく調査がどのように機能するかの実例を紹介しよう。私たちは上司の友人から情報提供があって、上司の指示で調査を開始した。上司の友人の情報によると、「未熟児の赤ちゃんが障害を持って成長するのを止めるために、医者らが未熟児の赤ちゃんを殺している」という。上司は「これを記事にしなかったら、私たちは仕事を失うだろう」と明言した。

▶1. 公開情報を見つけ、検証すべき項目に切り分ける

このストーリーでは何がおかしいのか。まず、命を救う訓練を受けた医者たちが、突然狂って、赤ちゃん殺しになったという話をあなたはほんとうに信じるだろうか。私たちも「公共サービスのために赤ちゃんを殺す」なんていう医者にこれまで会ったことはない。そういう医者らがいるとして、そういう連中をどこに行けば見つけることができるのか。病院に電話をかけて、「そちらでは殺し屋を雇っていますか」と聞けばいいのか。

ともかく、このストーリーでまともなことは、検証可能な諸項目を含んでいるということだ。

上記の検証で最も難しいのは、産科病棟で赤ちゃんを殺したとして、その方法だ。病院に電話して尋ねることもできない。「そちらでは最近、赤ちゃんを殺したことがありますか。どうやって」。だから、その話は脇に置く。その代わりに、適切な医療関係にあたり、最新の医学文献を探した。また、未熟児出産と障害の統計を探した。それらは全て地元の図書館にあって、自由に利用できた。これは公開情報の典型的な例である。

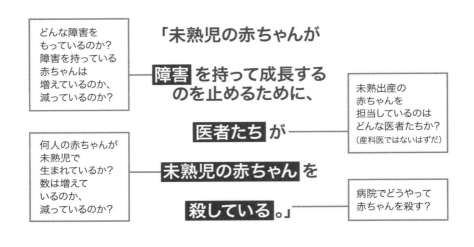

▶2.最初の分析──仮説は検証に耐えられるか

　次のステップでは、仮説を検証するためデータを集めた。出生時体重に関する国の統計、未熟児の標準的な尺度、これらの子どもたちの障害比率を示す科学的研究などから、私たちはこのような傾向曲線を発見した。

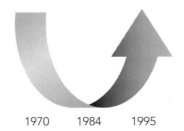

米国の未熟児出産と障害児数
1970-1995

言い換えれば、1970年から1984年に未熟児の数が大幅に減少した。未熟児出産は障害と関連付けられるので、障害を持った子どもの数も減少している。そして1984年から、数字は無情にも再び上昇した。
　これは仮説を裏付けているか、否定しているか。どちらでもない。このデータは、新生児殺しがいるかどうかを教えてくれない。
　未熟児出産と障害の子どもの数は1984年以降に再び上昇に転じた。この事実は、おかしな連中がこの流れを止める気になったのかもしれない。私たちはまだ分かっていない。
　これらの頭がおかしい連中が1970年から1984年の間、仕事に就いていたかどうか、摘発される前に殺しをやめることを決めたのかどうか、分からない。私たちが知っているのは、何かが1984年に変わったということだ。

▶3. さらに検証

　私たちは、障害を抱えた未熟出産児についての科学的な記事をもっと集めるために図書館に戻った。記事の一つが「ベイビー・ドゥー」と呼ばれるものに言及していた。私たちは著者を訪ね、「ベイビー・ドゥーとは何か」と聞いた。
　彼女はこう答えた。「それは法律です。障害の有無や両親の願いと関係なく、未熟児で生まれた赤ちゃんの命を救うためにあらゆる可能な努力をするように私たち医者に要求する法律です」。
　そのたった一つの事実が私たちの仮説を壊す可能性があった。つまり、法律が施行されたのである。私たちは、医者は法律に従ったのかと尋ねた。「医者は法律に従わなければならない」と彼女は言った。「全ての病院に検事を呼び出すためのホットラインがあります。誰かに医者が仕事をしていないと疑われると、逮捕されます」。
　どこでそれが起こったか知っているならその場所を教えてほしいと尋ねたところ、彼女は承諾した（その後、私たちは、連邦政府機関からその法律施行に関するリポートを入手した）。
　私たちはいつ法律が効力を発したかを尋ねた。推察通り、1984年だった。ここにきて、最初の仮説は非常に根拠が薄くなった。しかし、新しい仮説が固まった。「1984年に通過した法律が、未熟児で生まれ障害を持った赤ちゃ

んが出生時に自然死することを医者に厳しく禁じた。その結果、障害者の新しい集団が生まれた」。

　私たちは次の日、その障害者の集団について記録を作成した。そのストーリーがどの程度大きいか検討する必要があったからである。まず、1984年から1995年の間に同法のおかげで生き残った未熟児の増加数を計算した。つまり、この赤ちゃんたちは以前だったら死ぬのを許されていたはずだ。これは、法律施行後の数から1983年の未熟児数を引けばいいので、簡単なことだった。その後、私たちは未熟児出産と障害の有無の相関関係を調べた科学的研究に基づいて、どのくらい障害を持って生まれてくるかを計算した。

　私たちは、疫学研究者たちと一緒にチェックした。なぜなら私たちは医者や数学者ではないので、間違う可能性がある。さらに重要なことは、私たちは算出した数字をとても信じることができなかった。その法律のせいで少なくとも25万人の目の不自由な、まひ、知能の遅れなど重度の障害を持った子どもたちが生まれていた。

　専門家たちは、私たちの計算した数字は正しいようだと言った。しかし、ストーリーにはもう一つの重要な部分があることが分かったので、新しい仮説が必要になった。それが私たちを調査作業の鍵となる部分へと導くことになる。

▶4. ストーリーを異なる角度から説明するために新しい補助的な仮説を設定せよ

　突っ込んだ調査によって、その開始時には分からなかった新しいストーリーの可能性が見つかることがよくある。それは検証すべき新しい仮説を必要とする。最初の調査に関連していない場合、あなたは差し当たりそれらを無視することを選択するかもしれない。

　しかし、ときには、新たな発見のほうが最初に求めていたものよりずっと重要なこともある。そうでない場合でも、新しい仮説がびっくりするようなやり方で最初の仮説の理解を容易にすることもある。そうであるなら、あなたが新しい仮説を無視すると、重要なストーリーを見つける機会を失うことになる。

　私たちは、あいまいな法律のせいで25万人の障害児が生かされてきたと

いう強力な統計的証拠を手にしている。しかし、それは次の問題を提起している。「これらの子どもたちに何が起こったのか」。

私たちは、アメリカ合衆国の社会保障法改革により、福祉手当を得るのが難しくなった人々がいるのに気が付いた。給付を受けている人たちは、貧しい、大部分は非白人で、また、彼らは不釣り合いに未熟児出産が多い。そこで、私たちは「福祉改革は、未熟児出産で障害を持った子どもたちの世話を困難にしている」との仮説を立てた。私たちは、大急ぎで公開情報で検証をした。

たくさんの事実がもっと出てきたに違いないが、調査したいストーリーを裏付ける情報はもう全て揃っていた。私たちは、上司と会って、そして言った。

「ボス、私たちはあなたのストーリーを立証することはできなかった。どうぞ好きなように私たちを首にしてください。しかし、裏付けの取れたストーリーはこれです。

- 1984年に、未熟児で生まれた赤ちゃんが出生時に自然死することを医者に禁じる法律ができました。
- その結果、25万人の身体不自由児が生まれました。さらに彼らの社会保障費が削減されました。
- 一つの法律は身体不自由児に生きることを強制し、別の法律は彼らを路上に放り投げました。
- ボス、あなたはこれらの法律を変える手助けをしたいのですか」

あなたの上司がこのような状況で「ノー」と言うなら、別の上司を見つけたほうがよい。私たちが「撃墜した」最初の仮説は上司のものだった。悪いジャーナリストは、仮説に事実を合わせようとする。良いジャーナリストは、事実の好き嫌いは別にして、事実に合わせて仮説を変える。

上司は私たちを解雇しなかった。私たちはそのストーリーを発表し、2つの賞を獲得した（巻末の参考文献参照）。しかし、法律はまだ存在している。私た

ちは後悔しているか。そうだ。しかし、私たちはストーリーを発表しなかったら、もっと後悔していたであろう。

2-8
調査を管理するために仮説を利用する

管理（コントロール）とは、目標を定め、目標通りに進んでいるかを常にチェックし、確認する作業にほかならない。ジャーナリズムはその例外ではあるが、それは世界のよく運営されている組織にとっては標準的な手順である。私たちのお薦めはこうだ。ある仮説を定義し、有効な証拠を入手したら、次のようなプロジェクトの評価基準を定めるべきだ。

▶1. 成果物

完成したストーリーから得られる最小の成果と最大の成果は何か。

最小の成果として私たちが考えるのは、最初の仮説または検証の途中で発見された別の仮説に基づく一本の独自のストーリーである。仮説が十分に豊かである場合、シリーズか長い形式のストーリーになることもあろう。そのプロジェクトの価値以上のものを約束してはいけないし、それ以下の水準で満足してもいけない。

▶2. 作業の節目

最初の公開情報を参照するのにどのくらいの時間が必要か。情報源といつ会って、インタビューを行うか。いつ単一もしくは複数のストーリーの原稿を書き始めるか。

リポーターと仲間は、週1回は進捗状況を点検すべきだ。仮説の検証と新しい情報の発見は一番の関心事だが、時間的に費用的にプロジェクトが順調かどうかも重要である。プロジェクトの将来を脅かす遅延は許されない。責任を果たさない人はチームから外す必要がある。

▶3. 費用と報酬

　あなたがかけた貴重な時間に加えて、交通、宿泊、通信およびその他の費用が生まれる。それらはどのようなものか、できるかぎり完璧に把握せよ。

　リポーターが独立して働いているのなら、それらのコストが追加請求として正当化されるかどうか、検討する必要がある。つまり新しい知識やスキルを獲得する、新しい知り合いをつくる、名声や他の機会を得る、そういうコストのことである。

　組織は、プロジェクトのコストが売上増や名声、評判につながり、採算がとれるかどうかを検討しなければならない。全てのプロジェクト関係者は、プロジェクトが公共サービスの観点から道理にかなったものかどうかを熟慮しなければならない。これらの評価基準の全てが価値の形態である。

▶4. プロモーション

　誰がこのストーリーに興味を示すか。どのようにしたら読者、視聴者にこのストーリーが知られるようになるか。（あなたの時間と他の人の時間を含めて）追加費用が必要となるか。その投資で、あなたや組織はどんな利益が得られるか。

　ストーリーが発表されるメディアによってプロモートされないような調査報道に投資する意味はまったくない。調査が正確であるという条件のもとでだが、メディアによるプロモーションによって、調査報道の対象となっている相手から受ける反撃のリスクを減らすことができる。なぜなら、注目を集めることで、味方が現れるからだ。

　プロモーションは、新聞の見出しのようにできるだけシンプルであるべきだ。あるいは話題にするためにインターネットのフォーラムを使った手の込んだやり方もある。第8章で詳しくこれについて説明したい。

　これらのプロセスは、悪用されることもある。たとえば、編集者はリポーターを失敗させるという隠れた目的のために非現実的な目標を設定することもできる。

　しかし、たいていの場合、いつものやり方ではなく、新しい方法・考え方を取り入れることも有益である。毎日の締め切りの代わりに、プロジェクトの達成目標を設けた別の仕組みを採用することも必要だ。

全てがちゃんとうまくいくなら、仮説とその検証はあなたの進捗状況を測る基準として機能し、次に何をすべきかを示す指標になる。ストーリーそのものを超えて、それが一般の人々にどのように受け取られるかを考えることも賢明である。仮説は数行の文章でストーリーを伝えるので、それは他の人に興味を持たせるツールになる。

2-9 ストーリーに集中し続けよ

次のことはいつも忘れないでほしい。リポーターが立てるあらゆる仮説は、正しいであろうという、一つのストーリーとして組み立てられなければならない。仮説はニュース、原因、そして解決策を含む。仮説をしっかりと視野に入れることで、リポーターは事実だけでなく、ストーリーに集中できる。

　事実というものは、ストーリーの根拠となるかもしれないが、ストーリーを語ることはない。ストーリーが事実を語るのである。アドレス帳の中の3行を思い出せる人はいないが、誰でも自分のアドレス帳に名前のある全ての人のストーリーは覚えている。
　調査を最初からストーリーとして構成することにより、結果的に読者や視聴者にそれを記憶させるのに役立つ。それだけでなく、あなた自身もそれを記憶しやすくなる（もっともそのストーリーは本当かもしれないし、そうでないかもしれない。そのことを忘れないようにしてほしい）。
　調査活動の中でもっとも難しい部分は、事実が意味をなし、なるほどと思えるようにストーリーを覚えておくことである。
　この方法に熟達するために時間をかけよ。調査するときは毎回、この方法を実践せよ。そうすれば、幸運に恵まれるし、幸運は繰り返す。
　さて、公開情報はどこで見つけられるか、調べよう。私たちはそれらを

「オープン ドアズ」と呼びたい。

[立証]

第3章

公開情報を使う
―― 背景についての知識獲得と推論

マーク・リー・ハンター

ここまでのプロセス：
1―テーマを見つける。
2―立証すべき仮説を立てる。
3―仮説を立証するための公開データを求める。

3-1
はじめに：
開いている扉に向かえ

> **映**画「動く標的」で、俳優のポール・ニューマンが演じる私立探偵に、どれほど自分がタフであるかを示したい青年が「このドアをぶち抜いてもいいですか」と言った。探偵は「どうぞ」と答える。青年は思いっきりドアに体当たりして、肩の骨を折りそうになった。探偵はドアに近寄り、ノブを回して開けた。

　調査報道を教え、実践してきた経験の中で、私はこの映画に出てくる青年のような人々に多く会ってきた。彼らは、出口のある障壁を打ち壊そうとしたり、簡単に回り道できるのに障壁にそのまま正面衝突したりするのだ。彼らはある思い込みにとらわれている。「秘密ではないものは何であれ知る必要がない」と考えているのだ。つまり、人々に秘密を教えてやろうとして、時間を費やすのである。秘密情報を明らかにする調査に大変たけている人たちでさえ、シーモア・ハーシュ (Seymour Hersh) とニュージーランドの ニッキー・ハーガー (Nicky Hager) の名前がすぐに浮かんでくるが、このような仕事にはゆっくり慎重に動く。残念なことに、ほとんどの人々にとって、うそと真実を見分けるのは難しい。一方で、誰かに情報を教えてもらうことで、相手は優位に立ち、尋ねた人は不利な状態に置かれてしまう。
　情報機関のプロたちは、年金を受け取れるまで長生きしたいので、異なった推測を元に、異なった方法をとる。

- 「秘密」と呼ばれているもののほとんどは、単に見落としているだけである場合が多い。
- このような事実のほとんど、約9割が、公開情報を精読することで入手可能である。つまり、自由に手に入れることができる。

いろいろな国々で公開情報は制限されており、質も低いということをしばしば耳にしてきた。それは多かれ少なかれ真実かもしれない。しかし、ジャーナリストが活用してきた以上にもっと多くの公開情報がいつも散らばっているということもまた事実である。公開情報を利用して、ストーリーを書くことは簡単なことである。ジャーナリストがそこからニュースに値する情報を入手すればよいため競争はない。しかし、誰かに懇願して情報を聞き出そうとするジャーナリストも多い。

▶多くの中の一例

1980年代に週刊誌「カナール・アンシェネ」の若いフランス人の記者エルベ・リフォン（Hervé Liffran）は、パリ市役所の報道担当になった。しかし、市の役人たちは彼と話すなと命じられていた。彼が唯一自由に出入りできた施設は市の公文書館であり、そこにはあらゆる内部報告書や契約書のコピーが保管されていた。彼の最初のスクープの一つは、主要な水道会社には多大な利益をもたらし、納税者には経済的な負担をかけるような契約を市が結んでいたというスキャンダルを暴いたことだった。市役所の人々は、リフォンを止めることはできないと分かると、彼に話しかけ始めた。その後、彼は自由に入手できる選挙投票記録を使って、パリ市の選挙の不正を暴いた。そのとき、彼は市が所有する建物に住んでいることになっている投票者が実際にその住所に住んでいるかどうかを名簿でチェックし、それによってスクープにつながった。

どこかに記録され、一般に公開されている全ての情報は、利用可能である。公開されている情報だからといって、それが古く無価値で周知の情報だと侮ってはいけない。多くの場合、誰も気付いてなかった重要な情報である可能性がある。特別な情報探しだけをしてはいけない。それは素人のやることだ。代わりに、何度でも繰り返し使用できる情報源や手法を探すことだ。こうした情報を使う能力しだいで、あなたが高い評価を得られるかどうかも変わってくる。

▶忘れてはいけないこと

あなたがすでに知っていることや理解していることについて誰かに確認を取ることは、あなたが知らない情報を誰かに自発的に語らせることよりも、常にずっと容易だということ。このテーマに関しては、「公開情報は、力の源泉である」の項目で再度取り扱う。

3-2 どのような情報が「公開」されているのか

現代社会では、公開情報は事実上無限にある。それは以下のようなものだ。

▶自由に入手可能な形態のメディアに掲載された情報

これらの情報は、通常、公共図書館や関係メディアのアーカイブを通して入手可能である。

- ニュース（新聞、雑誌、テレビ、ラジオ、インターネット）
- 個々の利害団体の出版物（労働組合、政党、業界団体など）
- 学術出版物
- 利害関係者（ステイクホルダー）のメディア（インターネット利用者のフォーラム、金融アナリストの情報、労働組合のニュースレターや雑誌、抗議団体の出版物など）

[例]
── （新聞の）死亡欄は、あなたが探している人々の家族を見つけるのに役立つ。
── 抗議団体は法案や裁判などを追跡しているかもしれないので、その出版物は役立つ。
── 政党の事務所は、政党の公式印刷物だけでなくニュースレター、パンフレット、政党メンバーからの独自の刊行物などを提供している場合がある。

――ニュースの切り抜きは、インタビューの際に突破口になりえる。記者はその記事の情報が正確かどうかを尋ね、そこから新たな展開につなげることができるかもしれない。

▶教育機関の図書館

　私立、公立大学を問わず、メディカルスクール（あるいは臨床研修病院）、ビジネススクールなどを含めた教育機関の図書館は、公共図書館よりも最新の設備、より詳しい情報を所有している場合が多い。「ファクティバ（Factiva）」「レクシスネクシス（Lexis-Nexis）」などのニュース・データベース、「ダン・アンド・ブラッドストリート（Dun & Bradstreet）」のような企業データベースに加えて、高度な訓練を受けた職員も抱えている。利用可能かどうかを交渉してみよう。

［例］
　ある会社が不買運動の標的となった。その会社は、不買運動は失敗していると主張していたが、実際は時価総額に多大なダメージを受けていた。ジャーナリストはそのことを明らかにするために、インシアード（INSEAD）ビジネススクールの図書館で利用できるあるデータベースの金融アナリスト報告書を活用した。

▶政府関連機関

　政府関連機関は一般的に、どの組織よりも多くの情報を提供している。これは、情報公開法がない国や独裁国家でさえ、適用されうる事実である。政府関連機関からは思っている以上の情報が入手できる。

［例］
事件・事故報告書：それぞれの政府機関は、職員が従うべきルールがある。しかし職員の中には間違いを犯すものがいて、そのような間違いや事故は、その機関のマニュアルや就業規則に沿って記録される。間違いや事故について書かれた報告書を要求すると調査に役立つ。
検査報告書：レストランから高架道路の端まで全てを管轄下に置く機関は、工事、設備などの報告をまとめている。災害が起こった際に、これらの報告書や報告者

を探してみる。もし、報告書がなければ、そこにはニュースがある。どうして当局は監視していなかったのか。報告書がちゃんとあるなら、災害を予測しておきながら、どうして、防げなかったのか。

抗議：一般市民は抗議をする。時として、その抗議には正当な理由がある。誰が抗議されているのか。抗議されている側は何をやったのだろうか。

▶官庁図書館

国や市町村レベルであれ、政府機関や議会は、一般的に、それぞれの図書館、公文書館を所有している。多くの省庁も同様である。議会の記録、官報は、これらの図書館に保管されている重要な記録文書だが、他にもある。

［例］
——シークレットサービスが提供するのを拒否した報告書を、シリアの記者は国立図書館から入手できた。
——フランスにおけるアルコール飲料産業のロビー活動の調査は、議員の投票記録を調べるために議会に行くことから始めた。その次に選挙活動収支報告書を調べるためにフランス政府官報（Journal Officiel）を使った。仮説はアルコール飲料産業のロビーに有利な法律改正案を提出した政府高官がロビーの会社から選挙資金を受領していたというものだったが、それは真実であることが明らかになった。

▶裁判所

最低限でも、裁判所は、判決記録を保管している。米国のような国では、公判に提出された証拠の公開記録を提供している。調査対象の個人、企業、団体、機関が活動している全ての国の裁判所の文書をいつも探すようにする。裁判の供述書は、一般的に検察側から保護されていて、アクセスできない。もし裁判に出席しているなら、特に裁判の速記記録者がいない場合には、証言を詳細にメモしておく。

［例］
　イーダ・ターベル（Ida Tarbell）によるスタンダード・オイル・トラスト社の調査報道は、主として同社に関わる訴訟の裁判記録に基づいて書かれている。

▶産業振興機関
　地元の商工会議所は、基本的にその地域や地方自治体に関する大量の文書を発行している。雇用、産業、企業などに関する情報を提供している。

［例］
　ある病院での乳児死亡の調査報道で、商工会議所はその病院の産科病棟の運営方針に対して、訴訟を起こした市民団体の名前を提供してくれた。その訴訟の結果、政府は同病院に関する重要な情報を含む報告書を提出することになった。

▶土地台帳登記所
　これらの事務所や関連支局は、財産所有に関する情報を集め、しばしば土地に関する貸付金についても情報を集積している。

［例］
　フランスでは、政治家の財産についての情報は、彼らが一般公開している収入よりもはるかに多くの富を蓄えていることを立証することに使われてきた。

▶公営企業の報告書とプレスリリース
　年次報告書、規制当局への報告書などは、会社の豊富な情報を含んでいる。プレスリリースもそうであり、会社の戦略を分析するのに役立つ。もし対象の会社が、海外で事業を展開しているなら、その報告書は多くの情報を記載している可能性があり、国内の報告書に比べて、容易に入手可能である場合がある。

［例］
　年次報告書と、ある隠れたフランスの投資家による米証券取引審議会の報告書

をチェックすると、係争中の状況で取得された有価証券を確認することができた。それは数十億ドルの価値があり、報告書は有価証券を発行した会社の取締役会に出席していた共同出資者の名前を記載していた。

▶裁判所、会社登記簿

株式の売り付けを行なっているかどうかにかかわらず、会社の所有者の記録を保管している役所は、全ての国にある。会社の所有者が公開を義務付けられている情報の量は規定されていないが、この手の文書を入手したことのない記者にとっては予想以上の量である。フランスでは、公開されている情報には、従業員数、収益、負債、収入、利幅、役員の名前などがある。

[例]
　この情報を使用することにより、消費者保護団体を偽っていたウェブサイトが、実際は、大企業の産業スパイを専門とする会社に所属していたことが判明した。

国際的組織　たとえば欧州連合（EU）や国際連合（UN）などは、特定の国々の状況に関する情報を提供している。

[例]
　コートジボワールの新聞は、EUの会計検査報告書を使用して、政府が数千万ドルを補助金として、不正使用していたことを明らかにした。

このような事例は無限にある。まじめなプロのジャーナリストは、独自で公開情報のリストを作成し、プロジェクトに応じて、更新する。公開情報は、人的な情報源と同じくらい重要である。

3-3
調査報道のために公開情報を駆使する方法

公開情報を駆使する方法は、秘密へのアクセスを約束する情報源を探す代わりに、入手可能な事実から秘密かもしれないことを推測することである。全ての工程は下記の通りである。

```
         ┌──────────────────┐
         │ 最初の情報、手がかり │
         └──────────────────┘
          ↗                ↘
┌─────────────┐        ┌──────────────────┐
│ 強固な立場からの │        │ 仮説：            │
│ 人的な情報源で、 │        │ 報道するべき真実／ │
│ 仮説を立証する。 │        │ どのようなときに／ │
└─────────────┘        │ どのような人が、   │
          ↖             │ どのようなことをした…│
           ┌──────────────────┐
           │ 公開情報は、仮説の特定 │
           │ 部分を立証できるか   │
           │ あるいは、立証できない。│
           │ そのことにより、     │
           │ 秘密をより正確に     │
           │ 推測することができる。│
           └──────────────────┘
```

▶**再度、使い方を要約すると、**

・数少ない手がかりや事実からスタートする。
・まだ知らない事実を仮定してみる。
・公開情報から仮説の立証を試みる。

・公開情報から見つけた情報を補完することが可能な人々に質問する。

[**例**]
　フランスの極右政党「国民戦線」は、「国家優先プログラム」を提案した。そのプログラムでは、合法移民よりも、フランス市民は雇用、政府の給付金、他の権利が優先的に与えられる。そのような政策は、フランスやヨーロッパの法律のもとでは違法だが、「国民戦線」側は、市町村を統括するフランスの法律の「グレーゾーン」を利用し、この政策の成立が可能であると主張した。しかし、詳細は説明しなかった。

ステップ①：まず仮説を立てる。「国民戦線」に影響を受けている市長の管轄下にある都市では、違法な「国家優先プログラム」が成立し、関連する法律の曖昧さを標的にして実行されている。
ステップ②：「国民戦線」の政治綱領を精査した。それは書店などから入手可能な公開情報を使用し、「国家優先プログラム」に関連する方法を定義付けした。
ステップ③：ニュース記事、地方自治体の公報、インターネットフォーラム、市民団体のニュースレター、報告書を精査し、このプログラムが「国民戦線」の影響を受けている都市で適用されているかを確認した。
ステップ④：上記の工程を継続し、「国民戦線」側や反対の立場の人々にインタビューした。また法律の専門家に、「国民戦線」が法律を破らずに、そのプログラムを施行できるかを尋ねた。
結果：仮説を立証しただけでなく、リストに列挙した項目が実行されたかどうかも確認した。「国民戦線」側に事実確認を求めると、自発的に他の情報も提供した。どうしてか。続いて説明する。

3-4
公開情報は
力の源泉である

公開情報を入手することで、誰かに話をしてくれるように頼むよりも、相手に話を確認してくれるように頼むため、より有利な立場にいることができる。「何が起こったのですか」と尋ねることと、「これが起こったことですよね」と確認することは、大きな違いがある。

　確認の質問をする人をごまかすのは難しく、そのような質問をする人と話すことはとても興味深いことでもある。なぜなら、取材相手も、独自の知識を持たない人々よりも、情報の価値を重要視し、より深いところで会話を展開できる人々を無視できないからである。それ故に「国民戦線」側は、「国家優先プログラム」に関して思いもよらなかった情報を私たちに提供してくれた。なぜなら、「国民戦線」側がしていることをこちらが理解していると、彼らに伝えられたからである。

　公開情報を活用することで、取材相手に、以下のことを伝えることができる。

① 時間と労力をそのテーマに費やしている。
② 自分で入手できる情報は、相手に聞かない。
③ 相手に情報を頼る必要がない。
④ 共有できる情報を持っている。
⑤ 相手が、返答を拒否しても、報道をやめない。

　取材相手に電話をする前に公開情報を入手し、予備知識を得ておく。それが、返答する価値のある人物とみなされるための重要なステップである。取材相手は、問いかけられた質問を理解し、尊重するようになる。

3–5 公開情報を探す

▶1. テーマを明確にする

　最初に、調査中の分野を概観する。この過程は、「バックグランディング（backgrounding）」と呼ばれ、テーマの背景、周辺にあるものを見つけることを意味する。以下の作業が含まれる。

- 重要な関係者を特定する（個人と機関）。
- それらの関係者に関わる主要な問題を特定する。
- テーマに関わる、現在までの経緯を、日時、出来事を踏まえて把握する。

　入手した情報からスタートする。個人や機関の名前から取材を開始するなら、関連する資料を探す。さらなる資料を見つけるため、それに直接、間接的に言及しているものを追跡調査する。

［例］
　米国の美術館は、"係争中"の絵画をどうして、フランスの国立博物館に貸し出したか理由を述べることを拒否した。ニュース記事によると、その国立博物館は、米国の美術館の展示に影響を与えていた。年間報告書によると、その国立博物館への貸し付けは終了していた。フランス側が貸し出させていたのだ。

　取材に行き詰まったら、何が邪魔をしているかをノートに記し、それについての情報を探る。一つの情報源に縛られ、特定の情報ばかりを追い求めるのは避け、何度も別の角度から取材をする。それは、特定の情報源に労力を注いでしまうことを避けるためである。
　調査対象のテーマから一歩距離を置いた関係者、機関、出来事についてのデータを収集する。この情報により、視野が広くなり、新しい情報源獲得

への道が開ける。多くのケースにおいて、情報を聞き出しにくい取材相手は、自分以外にその取材に関連する人々が話し出すのを察知すると、ジャーナリストに自ら接近してくる。明らかに、この作業は、容易に多くのデータを取得することにつながる。第5章に目を通して、取材の開始時から、この作業のまとめ方を知っておく。

▶2. 一般的な情報源を使用して、より専門性の高い情報源にたどり着く

　上で記したような一般的情報源はその役目を持っている。しかし、専門性の高い、公開情報も必要である。たとえば、科学的発見についての新聞記事は、一般的情報源である。しかし、専門雑誌に掲載された研究結果報告は、専門的情報源であり、深いレベルの情報を含んでいる。調査報道においてそのような詳細情報は成果を得るためには欠かせない存在である。それは事実が大いに興味深いということだけではなく、詳細情報に精通しておくことで、情報源からより多くのことを引き出せるからである。取材相手は、ジャーナリストが誰かの仕事をまねるのではなく、その問題を理解しようと努力している人間だと見なすようになる。

　専門的情報源を見つけるための最も効果的な方法は、その分野の専門家にどの情報源を使っているかを聞くことだ。

・国家公務員は、どんな形式で、どこに、誰が報告書をまとめているかを教えてくれる。
・公選された役職者は、立法機関がどのように機能しているかを伝え、さまざまな段階でどのような文書を作成するかについて教えてくれる。
・不動産業者は、どの役所が不動産登録の履歴をつけているかを教えてくれる。
・投資専門家は、どこで会社情報が入手できるか、どのようにしてそれを読めばよいのかを教えてくれる。

　こういうふうに行なうのだ。このような専門家たちと話す際に、あなたが

興味をそそられる事実を知っている情報源について彼らに聞いてみる。これは、他のジャーナリスト、警察官、会計検査官などとの会話にも適用できる。ただ単に情報収集するのではなく、事実を見つける手段を見つける。

［例］
　あるフランスの憲兵は、ある殺人事件で鍵となる目撃者を、その女性の姓とその女性が事件時に妊娠していたという事実を聞き込んだだけで割り出した。どうやってか。彼は市町村の出生登録事務所に行き、名前と出産予定日から推定し、その目撃者を見つけ出したのである。

▶ 3. これらの情報源や同様の情報を追い続けること
　忘れずにこの作業を必ず行なう。たとえば、フランスでは、無料オンライン企業商業登録検索データベース「societe.com」を利用して、調査対象の企業情報をチェックする。

▶ 4. 現場で資料を入手する
　どこに行っても、徹底して、情報を入手する癖を身につける。特定の活動に関する情報のほとんどが、それが行なわれる場所で入手可能だ。記者として訪れる場所全てで、目に付く資料は入手する。

［例］
　事務所にいて、書類が展示されていたら、取り上げ、目を通してみる。誰も泥棒だとは思わないので、その資料を持っていっていいか尋ねてみる。「国民戦線」について報道した際に、毎週彼らの本部に出向き、展示されている定期刊行物を入手した。より大きな運動の中で、目立たない個人や団体による出版物は、ほとんどの場合、そういう機会がないかぎり入手できない。またほかの刊行物は、正式な会員でないかぎり入手不可能である。しかしそれらは、こちらの要求に応じて入手できた。そういった資料は、地元、地域でのその運動体に関するかけがえのない情報源で、主要メディアでは、ほとんど扱われることはないものである。

3-6
自分の持つ情報源を最大限に活用するために専門家を使う

▶1.公文書館専門職員は天使である

　情報が公開されているとはいえ、それを効率的に入手できるわけではない。特に、専門性の高い図書館や公文書館で自力で情報を入手することは容易ではない。公文書を管理している人を見つけ、手伝ってもらう。実際、図書館に出入りする際、公文書館専門職員を知っておくのは良い方法である。経験上、公文書館専門職員は、自分たちは正当に評価されていないと感じていることが多い。彼らの専門性に尊敬の念を持って接すると、こちらにも得になる。

[例]

　フランスで発生した汚染血液事件の追跡取材で、スキャンダルが明るみに出る前に、輸血エイズに関する、全ての科学文献を整理しなければならなかった。パリの主要な臨床研修病院に付属する図書館の管理人は、データベースから関連記事、論文の完全なリストを提供してくれた。その図書館はリストにある文書をほぼ全て所有しており、資料整理は午後には終了した。

　パリの美術品ディーラーの取材では、文化・通信省に美術市場への補助金に関する情報を尋ね、ある職員を紹介された。電話でしゃべっているとき、パソコンのキーボードを打ち込む音が聞こえるので、どんな作業しているかを聞くと、彼女は同省のデータベースをチェックしているとのことだった。それは自由に公開されているかどうかを尋ねると、彼女の返答は「イエス」だった。データベースには、補助金の受領人全てのリストがあり、それはある公立図書館から入手可能で、その職員が案内してくれた。

▶2. 見つけたものを理解すること

　資料を入手してもそれが理解できるというわけではない。公的、私的にかかわらず、公式報告書で使用される言い回しは、多くの場合、専門性が高く、自分で解釈しないといけない。これは年次報告書、議事録など多岐にわたる公開情報を理解しようとする際にも言えることである。その資料を読む際にやるべきことは、専門用語と要旨を説明してくれる専門家を見つけることである。一般的に、取材している分野にかかわっていて、ジャーナリストの書く記事に興味を持ち、その件に直接利害関係がない人がよい。

[例]
　「国民戦線」がどのようにして、自治体の助成金を使用して、対立組織を排除してきたかを知るために、「国民戦線」が影響を及ぼしている自治体から補助金に関する公開報告書を入手した。それから、似たような自治体で予算問題担当だった元職員の手助けを受けて、一字一句、報告書を精査した。

　秘密を守れる人に頼ったほうがよい。特に調査対象に関係する人々との会話は、直接取材している場合は別として、避けたほうがよい。これらの人々は、情報を与える交換条件に、ジャーナリストの持っている情報を入手し、自分に有利に働くようにしようとするからだ。

3-7 余裕を持ちつつ、迅速に取りかかる

　最も幅広く公開されている情報を入手して、取材を始めることを強く勧める。調査報道は進行するにつれ、より複雑で難しくなってくる。仮説が公開情報で立証できないならば、それは仮説が深刻なほどに間違いであるか、誰かがその取材を邪魔しようとしているかのどちらかである。

　逆に言えば、最初の仮説が立証できれば、取材の進行度が上がり、展開も広がってくる。はずみがついたら、公開情報データを可能なかぎり活用していく。そこから意味を推測し、仮説に付け加える。次の段階では、真実が資料にない場合の事例に触れる。

［人的な情報源］

第4章

人的な情報源を使う

ニルス・ハンソン、
マーク・リー・ハンター

ここまでのプロセス：
1——テーマを見つける。
2——立証すべき仮説を立てる。
3——仮説を立証するための公開データを求める。
4——人的情報源を探す。

最もわくわくする情報は、普通は公開情報にはない。それは人々の心の中にある。どのようにこれらの人々を見つけるのか。これらの技能の価値を過小評価してはならない。誰もがそれらの技能を持っているわけではない。調査ジャーナリストしての仕事に従事することで、それらの技能を高い水準まで高めることができる。

　それらの技能を乱用してはいけない。この仕事は人々を傷つけることがあるということをジャーナリストとして忘れてはならない。人々の感情、生計、身の安全さえも傷つけてしまうかもしれない。あなたに協力したばかりに彼らは馬鹿を見ることになる。

　この章では、あなたが情報源にとって安全かつ助けになる話し相手、つまり立派な証人になる技能について考察する。

4-1
ソースマッピング

たいていのニュース・リポーターは、取材のテーマについて話してくれる情報源を探す方法としてまず発表された記事を読んで、その中に引用された人の名前から選んで電話する。メディアから1日で数百回の電話がかかってくる人たちもいる。そのような人たちは100回目に電話をかけてきたリポーターに何か新しいことを言うだろうか。どうして、まだ取材を受けたことがない人を探さないのだろうか。

　公開情報を調べれば、もっと興味深い人物のリストがある。たとえば、会社の財務分析報告書を読むことから始めてもいい。それには会社の状況や強力な競争相手についても書かれている。

・次に、アナリストと話し、その後、競争相手を取材する。

- 彼らと業界メディアを通じて、転職か引退した人物を見つける（シーモアハーシュは、職員の退職辞令を追うことでCIAに多くの情報源を見つけた）。
- これらの情報源を通じて、話したがっている在職中の人たちを見つけよう。

できるだけ早く簡単なソースマップを作るように助言する。ストーリーに直接もしくは何らかの関係を持っている全ての情報源を図化する。

マップは、一つの村の家々のような形をしている。その村では、みんなが他の人たちを知っている。その村でストーリーが展開される。

好きなように複雑で情報豊かなマップを作ることができる。たとえば、個々の情報源の所在する場所、誕生日、仕事、なんでも気に入った情報を含めることができる。しかし、最初は簡単なソースマップにしたほうがいい（数分で用意できる簡単なソースマップでも競争相手に対して優位に立てる）。

第2章でふれた未熟児のストーリーの基本的なソースマップはこのようなものだった。

▶このマップに関するいくつかの注意すべきこと

障害児が中心にいる。理由は、最終的にストーリーは彼らの問題についてだから。しかも、彼らを探すのも、彼らから話を聞くのも最も難しい。話が

聞けるかもしれない他の全ての情報源を彼らの周りに配置している。何らかの形で、これらの人たちは障害を持った子どもたちにかかわっている。同様に、医者は両親と病院の間に配置されている。ほとんどの人たちに話しかけるのは医者だからだ。

▶ポイントはこれだ

あなたはソースマップをストーリーの登場人物の人間関係を知るために使う。一つの情報源が話してくれない場合、別の人物に当たることができる。ある人たちが取材を承諾すると、他の人たちも話してくれる可能性が大きくなる。

4-2 話してほしい理由を情報源に説明する

> 興味深い事実や語るべき話を持っている人たちには、調査に応じない強い理由があるかもしれない。一般的な意味で、あなたがプロとして信頼できるか、公正な人間か、彼らは知らない（多くの記者はそうではない）。たとえ、あなたが信頼できる人物であっても、彼らにとって大切な情報をあなたがどのように扱うか、彼らには知るすべもない。情報を提供して、結果的に彼らのキャリア、人間関係、あるいは身の安全が害されることにもなりかねない。

情報源が話すのをためらっているのは、彼らにとってあなたが最悪の厄災になりうるからだ。心すべきだ。ジャーナリストが情報源に拒否されるのは驚くべきことではない。普通、彼らは話すのを断る。

▶なぜ彼らはそうするのか

そこには2つの一般的な理由がある。それらは誇りと痛みと呼ばれている。あなたは、彼らに2つのうちのどちらかを満足させる機会を提供しなければ

ならない。

- 人々は、彼らが見つけた才能とか美しいもの、成し遂げた成功、やがて手にする成功、世界を救うために作った計画とか、彼らを刺激、興奮させる何らかの理由から話をする。これらの話題を話すことは大切であり、幸福だと彼らは感じる。
- 医者が知っているように、人々はどこか痛いときに、誰かに助けてもらいたいので、話をする。一般的に、痛みはプライドよりも強い。だから、ほとんどの調査において最初に話をする人たちは犠牲者である。同じように、不当な扱いを受け、価値観を無視された人々は、彼らが目撃したことに腹を立てているので、話をする。

　誰かがあなたに話すのにはそれなりの具体的な理由がある。情報源がそうすることが安全だと信じているからだ。

　あなたと情報源は人間関係を作る必要がある。その関係ができてこそ、何かをやるために互いに頼りにし、多かれ少なかれ信頼できる。両者は情報を用意し、約束を交わす。情報源がそれを守るかどうかにかかわらず、あなたはそれを守らないといけない。これはプロとしての義務であるだけでなく、人間性に関わる問題でもある。あなたは直感的に相手から信頼される人間でなければならない。そうでなければ、彼らはあなたを信用しない。

4-3 最初の連絡：準備と招待

▶1. 会う準備

　情報源と接触する最も安全な方法は、（情報源が身体的に危険でなければ）、直接に会ったほうがいい。最初の連絡の目的は、面談を実現するためである。初めて電話する前に、公開情報を使ってその人物や問題についてある程度

調べておくべきだろう。

人物について

　必ずインターネットで「ググって」、その人物に関して書いている記事や出版物を調べておこう。情報が多すぎるようなら、いくつか選んで読んでおく。これは、その情報源への関心とその経歴についての知識をあなたが持っていることを示すためだ。誰でも知っている経歴を詳しく聞くようなことはやめたほうがいい。面談の前にそれらを知っておく必要がある。その人がニュースメディアや専門誌に記事を書いている場合、それらを入手して読んでおく。内気で隠したがる人でも、その個性、価値観や関心事が書くときには現れる。これらの材料は、仮説を設定するのに役に立つ。後にインタビューで検証できる。

　たとえば、私たちは、あるフランスの高級官僚の発表した記事やスピーチから、彼はうそをつかないという仮説を立てた。しかし、彼は微妙で危険だと思う問題については避ける名人でもあった。私たちは、彼がどのようにいつ話題を変えたかを観察して、彼があいまいにしたいと思っていた問題をさらに調査し、突き止めた。私たちが得た結論を直接確認を求めたところ、彼は、私たちの仮説通り、うそをつかず認めた。

問題について

　問題についての最新の情報や公式声明は知っておくべきだ。その問題の専門家になる必要はない。しかし、情報源の専門分野の用語について理解していなくても、知っているということを示さないといけない。そのうえで、相手に説明を求めたらいい。

▶2.連絡を取る

　連絡は、電話や手紙でとることもできるが、自宅に限る。絶対に安全であると確信が持てないかぎり、職場に連絡してはならない。上司に聞かれている可能性があり、電話したことは後でばれる（これについての詳細は後で説明する）。害がない内容でも、同じことは電子メールにも言える。雇用主はジャーナ

ストからメールを受け取った職員を簡単に見つけることできる。

　ここでは理論的なことを話しているのではない。堕落しているだけでなく専制的で被害妄想の官僚を調査していたチームを私たちは知っている。その調査チームは、官僚の事務所の秘書宛てに手紙を書いて、調査への協力を求めた。彼女はその要請を拒否した。しかし、この件は上司に知られて、あわれな女性はひどい仕打ちを受けた。

　接触する前に、あなたが何者か、知らせる方法を考えなければならない。何者か、何をしようとしているか、仕事に自信を持っていること、そしてやり遂げる能力があることを情報源に知らせなければならない。そう言わなくてもいいが、あなたが調査し、ストーリーを書こうとしていること、それが発表されれば、世の中は良くなることをあなたは感じる必要がある。

　間違ったやり方と正しいやり方の例を考えてみよう。

誤：「もしご面倒でなければ、ちょっとお尋ねしたいことがあります」
何が悪いか：あなたは尋ねたくはないが、尋ねている。あなたに話すと面倒なことになり、あなた自身も質問していることにためらいを感じているという印象を情報源に与えている。
正：「こんにちは、私の名前は○○。私はジャーナリストです。□□というメディアに働いています。いま△△を取材しています。重要な記事になります。完全に正確に伝えたいと思っています。話し合いたいので、いつお会いできるでしょうか」
何が良いのか：あなたは、完全に自分自身の立場と目的をはっきりさせている。情報源にあなたと話すべき理由をちゃんと伝えている。会えるかどうかを聞いてはいけない。いつ会えるかを聞くべきだ。「インタビュー」という言葉も使ってはいけない。それは、見出しに自分の名前が出て、大変なトラブルに巻き込まれるのではないか、と相手に思わせる。あなたがいま特定のメディアで働いていないなら、どのメディアで仕事をしていたかを言えばよい。これまでいずれのメディアでも働いたことがないなら、どのメディアに記事を載せるつもりかを伝えればよい。

忘れてはならないこと

重要なことは、誰のために働いているかではなく、どのように取材し、記事を書くかである。

誤:「どうか私を助けてください。あなただけが頼みの綱です!」
何が悪いか:自分自身を助けることができず、誰も助けてくれないようなあなたをなぜ私たちが助けることができるだろうか。
正:「私は、あなたがこの問題でほんとの専門家であることを知っています。あなたの見識をうかがえれば幸いです」
何が良いのか:情報源にお世辞を言っている。しかしお世辞が正当化されるならば、言わない理由はない。また、あなたは相手と等しい専門的な知識を持った他の複数の情報源も知っていることを伝えている。

基本原理

あなたが重要な仕事をしている魅力的な人物であり、みんながあなたと喜んで会ってくれると、いつも思うようにする。もしもこれが難しすぎるなら、どうぞあなたのコンプレックス(強迫観念)に合う仕事を探すことを検討すべきだ。

▶3. 会う場所

情報源が面談要請に対して場所を指定しなかったり、面談を拒否したり理由なく引き延ばしたりするなら、情報源が逃げられない場所にこちらから出向くことを考えよう。相手が裁判にかけられているなら、法廷に行く。相手が教授なら講義の場所に行く。以前に、フランスのある高官が数カ月、面談を拒否したので、私たちは彼が毎週、選挙区民と会議を開いている事務所に行って、面談待ちの列に並んだ。私たちの番がきたので、彼に言った。「私たちが列の最後です。まだ面談時間が20分残っています。これから話しましょう」。彼は笑って、「いいでしょう」と了解した。

情報源が喜んで会ってくれるなら、相手の自宅か、本人がくつろげる他の場所に出かけよう。調査が情報源の仕事に関係し、所属する組織もイン

タビューのことを知っているのであれば、普通は相手の事務所が最高の場所である。事務所は情報源についてかなりの情報を提供してくれる。たとえば、どんな本を読んでいるか、趣味は、話がさえぎられたときどう対応するかなど。（コーニー・ブラック（Connie Bruck）のウォールストリートに関する画期的な研究「プレデターズ・ボール」（The Predators' Ball）では、最も重要な情報は、ある投資家がこれといった理由もなく彼の秘書に向かって金切り声を浴びせる時に明らかになる。）

4-4
人間関係を始める：
目標と役割

　ニュースの世界では、情報源との関係は多くの場合、愛想をつかして別れる一晩だけの出会いのようなものだ。これは、災害の現場で特にそうだ。リポーターが集団でやってきて、目の前の全てを踏みつけ、地元の食べ物、飲み物、対応がどんなにひどいものであったかを言い残して、立ち去っていく。それに対して、調査ジャーナリストは理想的な恋人になろうとしているのではないが（冗談抜きに、情報源と寝るとか、口説くなんてまったくとんでもない考えだ）、しかし、彼らは確かに情報源との変わらない長い付き合いを求めている。関係の始まりは、このように重要な瞬間である。

　主に重要なことを以下に明示する。

▶**1. 最初と最後：情報源の匿名性を守る**

　調査で最も重要なことは、情報源の秘密を守ることである。情報源は、あなたと接触したことで危険にさらされる恐れがある。これは、特に情報源が心配して匿名を要求している場合は、重要である。匿名にするとの約束は、情報源のいかなる痕跡も残してはいけないことを意味する。あなたのノートが警察や弁護士によって押収されうる状況への対応も含まれる。

次の方法が用いられる：

A／情報源の職場に電話をかけない。そのような電話は後で追跡される可能性がある。念のため、あなたも情報源もプリペイドカードで携帯電話を使用する必要がある。

B／電子メールによる接触を避けなさい。それは、はがきを送るようなものだ。安全な電子メールは、暗号化が必要であり、この方法は目立ち、不必要な注目を集める。

C／あなたと情報源のどちらも他人に気づかれる恐れのない安全な場所で会いなさい。

D／情報源に仮名またはコードネーム（情報源A、情報源B）を付けなさい。決して話し合いやメモに情報源の本名を使ってはならない。

E／情報源に関する全ての資料は鍵を掛けて保管する。あなたが使っていると気付かれない場所に保管するのが理想的。

▶2. 目標を設定する

最初の面談の前に、達成したいことを設定する。最低でも、情報源から入手したい価値あるもの。ドキュメント、信頼、解釈・見識、分析、次に会うべき情報源の名前。

- とりあえず実現した面談では、限られた重要なことだけを達成できればいい。フランスの諜報機関についての専門家であり、私たちの友人であるフィリップマデリンは、典型的なインタビューでは、情報の一つだけを確認しようとするか、引き出そうとすると話している。
- 最大限のことを目標に設定することも可能だ。目の前の全ての文書を持ち帰る。その場合、それらを持ち帰る理由を情報源に説明しなければならない。
- 面談で最後に欲しいものは、私たちが次に会うべき情報源の名前と連絡方法である。私たちはいつも次のように聞くことにしている。「この問題でほかにどなたの意見を聞いたほうがいいでしょうか。その人たちとの連絡方法をご存知ですか」

情報源にはプロジェクトについて何を知らせたらいいか。
　情報源のなかには、あなたがどうしてこのプロジェクトに関わっているか、そこから何を得ようとしているのか、聞いてくる人がいる。どう答えるにしても、即座に誠意をもって答えないといけない。

　英国外交の3つのルールに従ったほうがいい。

・うそはつくな。
　絶対に必要でないかぎり、虚偽情報を与えてはいけない。うそがばれると、部屋からほうりだされるか、足を撃たれるか、拷問を受けることになる（麻薬密売人との会見で、隠しカメラをしかけてばれたブラジル人の覆面取材リポーターの身に降りかかった出来事）。
・真実をありのままに話してはいけない。
　たとえば、私たちは極右を調査しているとき、次のように言った。
　「メディアで報道されているみなさんの運動のイメージは、私たちには正確ではないように思えます。私たちは真実を知りたいのです」
　私たちは「真実はさらに悪いかもしれない」とは言わなかった。
・質問に答えることができないなら、そう言うべきだ。そして、いつ答えると伝えたらいい。

　あなたは、情報源について何を知りたいか。あなたが相手にしている人たちはどのような人たちか。彼らはどんな手がかりと刺激に反応するのか。私たちと話をする彼らの目的は何か。彼らは単に自分たちの話をしたいのか、そうでなければ、別の目的のために私たちを利用しているのか。英国の諜報機関は、スウェーデンのSVTテレビネットワークの基準に相当する三角形の図を使用している。

協力の動機
復讐？
正義？野心？
正当性を認めさせたいか、権力欲？

情報の質
情報源が、直接経験し、見て、聞いた情報か、
2次情報か。書類を持っているか。
その情報を確認できる他人の名前を知っているか。
その情報は他のデータと一致するか。
その情報源は何か隠しているか。
その情報源はあなたが知る必要のある他の人物や
組織とつながっているか。
その情報源はこれまでも正しい情報を
提供したことがあるか。

情報へのアクセス
その情報源は情報にアクセスできる立場か。
他の誰がアクセス権を持っているか。
その情報は、情報源を特定されることなく
使用できるか。

図解を使って以下のことを覚えておく。

動機について

その特定の動機が何であるかは問題でない。それが理解可能なものであり、納得できるものであることが重要である。

情報の質に関して

ニュース報道では、質の最も高い情報は、地位の最も高い情報源から得られると考えられている。それに対して、調査報道ジャーナリストは、「最も地位の高い情報源は個人や組織の目標を成し遂げることに関心を持っており、真実の追求にはそれほど関心がない。その観点から、より質の高い情報は、個人的な野心や組織の目標に反対している組織内の下の人たちからもたらされる」と思っている。

情報へのアクセスについて

上記で指摘したように、ほとんどの調査報道の理想的な情報源は、業務

の運用および計画立案を担っている組織の中間のランクの人たちである。これらの人々は、重要な文書へアクセスができる。しかし、政策の形成や実施にはほとんど影響を持っていない。同様に、彼らは組織内では極めて弱い立場にある。それゆえ、このような情報源があなたに機密情報を提供するときは、すぐに情報源に「他に誰がこれを知っているか」と聞くべきだ。

　発信元がばれるようならその情報を引用したくないと情報源に説明する。面談中のノートの機密情報のそばに引用不可のマーク「NFC」(not for citationの頭文字)を記す。要するに、あなたが情報源の保護を考えていることを知らせる。

▶3. 役割を選ぶ

　インタビュー中であなたが演じる2つの主要な役がある。

専門家

　専門家は答えのほとんどを知っている。そして、ほかの同等の専門家である情報源が提供する技術的に複雑な情報を十分に正しく理解することができる。専門家同士の会話は普通の人間にはついていくのが難しい高いレベルで行なわれる。私たちは、情報源が「自分の考えを試すという意味で、この問題をほんとうに理解している人に話をすることはいいことだ」と話しているのを聞いたことがある。

　ともかく、もしもあなたが専門家としてインタビューを始めたのなら、あとになって化けの皮がはがれないようにしないといけない。結果的にメンツを失うことになる。

無知な者(カンディード)

　彼らは情報源になんでも真面目に聞いてくる。なぜなら、彼らはほとんど何も知らないので、情報源に啓発されたいと熱望している。時には情報源から過小評価されるにしても彼らは愚か者ではない。アメリカのテレビドラマ「刑事コロンボ」では、主人公のこの性格が効果的に機能している。それは多分、最強の役回りである。なぜなら彼らは素朴で単純な質問から複雑な

質問まですることを許されているからだ。無垢なる者はあらゆることについて質問するので、ジャーナリストが何を追及しているか、すでにどの程度情報をつかんでいるか、情報源に悟られる危険性はない。

　多くの場合、調査報道のジャーナリストは、あまり何も知らない純真無垢な役回りでインタビューを始める。会話が進むにつれて、専門家同様の知識を持っていることが明らかになる。その場合、あなたが気を付けなければならないのは、情報源にうそをついたという印象を与えてはいけないということだ。情報源に待ち伏せ攻撃を加え、二度と会うつもりがないのなら話は別だ。

　あなたは2つの役回りのどちらか、または両方をインタビューで使うことができる。秘訣は、どんな役回りを演じるにしても、本人自身が本物であると確信することである。
　情報源と向かい合っているうちにあなたの役が進化する。何も知らなかった純真無垢なジャーナリストがしだいに専門家のような質問をするようになるのは、情報源にとって大きな喜びである。なぜなら、そのジャーナリストがちゃんと話を聞いて学んでいることを示しているからだ。ジャーナリストと情報源との関係は自然に時間とともにそのようになる［訳注：フランスの啓蒙思想家ヴォルテールによるピカレスク小説『カンディード』では純粋無垢で楽天的な主人公が幾多の苦難を経験し、現実主義者に変貌する］。

4-5 インタビューの戦術

　リポーターはみんな自分のインタビュー戦術の蓄積がある。そして、多くのリポーターはどんな相手に対しても同じ誘い文句を使う誘惑者のように自分なりのやり方を変えない。調査報道ジャーナリストとしてほかのリ

ポーター仲間ばかりでなく、質問をすることが仕事の人たち、つまり警察官、検察官、弁護士、セールスの人たち、監査官などと付き合って学ぶべきだ。彼らが特定の状況にどのように対応するか、また彼らの苦労話も聞いたほうがいい。最高のインタビュー戦術は、インタビュアーの個性を反映する。それで、自分のレパートリーを開発するようにしよう。

ここでは私たちのお気に入りの技を紹介しておく。

▶1. ニュースの贈り物を持っていこう

調査が軌道に乗ると、調査報道ジャーナリストは多くの場合、立ち入ったことをする。ニュースメディアは、多かれ少なかれ、切り抜きなど内容の充実した記録を蓄積している。しかし、記録は通常、間違いがいっぱいある。インタビューおよび情報源との関係を始めるにあたり、これらの切り抜きを持っていこう。記事に書かれている事実が正しいかどうかを見るために、あなたと一緒に記事に目を通すように情報源に頼んでみよう。同僚の書いたいい加減なニュースより真実のほうがもっと重要であると思っていても、それを言う必要はない。

▶2. 状況をコントロールせよ

私たちは、ローリングストーン誌である人が書いた記事を読んだ。執筆者は、ミック・ジャガーをインタビューに招いて失敗したことについて書いていた。暑い日だったのにもかかわらず、緊張していてゲストに冷たい飲み物を提供するのを忘れてしまった。

私たちは、ジャガーにインタビューする番になったとき、彼にお茶を出すことにした。へつらうということではなく、彼が私たちの縄張りにいることを意識させるためである。彼は心から感謝した。インタビューにすんなり入れた。インタビューはお互いの「勢力争い(power struggle)」のようなもので、何が起こるか分からない。どこに立つか、座るか、場所選びも大切だ。ゆったりした気分になれる場所を探す。

自分の道具もちゃんと管理する。取材相手に録音機やメモ帳に触れさせない（これはよくあることで驚かされる）。相手がそうしたら、「これは私の道具で、

触ってはいけない。私の許可なくして使ってはいけない」と注意すべきだ。「インタビューを録音していいですか」のような許可を求めるような言い方をしてはいけない。「インタビューの記録を正確に記すために録音します」と言えばいい。そして、録音機を回し、日付、インタビューの場所、相手の名前を吹き込む。相手が反対しそうなら、インタビューに誰か立会人を連れていくこと。そして、相手に「ノートの記録を正確にするために、同僚に手助けしてもらいます」と説明する。

▶3. 距離を保つ

　一部の人たちは、人に会うことができ、会社の恩恵にひたることができるので、ジャーナリストになる。それはそれで結構だ。だが、そんなに友人が欲しいのなら、犬を買ったほうがいい。情報源と友達になっても、結局、その人たちを裏切ることになる。犠牲者は、外側から見えるほど常に純粋無垢ではない。先見の明のあるといわれている政治家もときには大ほら吹きであり、業界のリーダーも乗組員を溺れさせる船長かもしれない。彼らと一緒に沈没してはいけない。

▶4. 権力者の弱点を突く

　オリアーナ・ファラーチの最高傑作であるヘンリー・キッシンジャーとのインタビューは、屈辱的な出会いから始まる。キッシンジャーは、彼女に背を向けたまま、自分に恋しようとしているのか、と彼女に尋ねた。ファラーチは激怒した。彼女は、キッシンジャーが女性たちと特別な問題を抱えていたことに気付いた。彼は、職業人としての女性の存在に敬意を払っていない。

　この無節操な男はジャーナリストとしての彼女の仕事に嫌がらせをしている。同情に値しないと考えた。そこで、彼女は挑発し、お世辞を言って、女らしい策略を用いる質問に変えた（このようにだ。「そこで今、以前、宇宙飛行士に尋ねたのと同じ質問をします。あなたは月面を歩いた後で、どういうことができるでしょうか」と）。キッシンジャーはしだいに取り乱し、会話のコントロールを失った。最終的には自分自身を制御できなくなった。結果、彼女は権力の心臓部の扉を開くことができた［訳注：ニクソン大統領の側近として米中国交回復や安全保障政策で業績を残

したキッシンジャーを、月面に着陸した宇宙飛行士に例えることで、お世辞を言っている。その後、厳しい質問攻めでキッシンジャーを混乱させた]。

　ファラーチのように、権力者への同情心を捨てなさい。権力を持った人物が、取材にまっとうに応対しないときは、彼らの弱みを見つけ、それを利用するべきだ。たとえば、ある公的な人物についての記録が、彼が厳密な事実より原則の開陳を好む傾向があるということを示しているなら、その人物が好んで発言している壮大な原則と矛盾している事実を記録から見つけて、準備しておく。

▶5.情報源を驚かせる

　著名な人物にインタビューする場合、彼らは同じことを何度もインタビューで聞かれているので、あなたが同じことを聞いても分が悪い。新境地を開くインタビューができるように事実を調べて、準備すべきだ。過去に行なわれたインタビューを読んで、違う質問をすべきだ。時々、リポーターが無視していたテーマにびっくりするようなのがある。たとえば、ミック・ジャガーは、事実上全てのテーマについてインタビューに答えているが、彼がどのように音楽を作ったか、については聞かれていない。彼がとても喜んでそれについて話をすることが分かった。

▶6.情報源があなたを驚かせるように仕向ける

　ニュース・リポーターはいつも急いでいる。そして、彼らは一方通行である。情報源がほんとうに重要だと考えていることを彼らに言わせない。そうするのでなく、情報源が信じ、重要だと思っていることに注意を払うべきだ。
　情報源が「あなたの質問に答えることができるが、まだあなたが質問していないもっと重要なことがある」と話す場合がしばしばある。そのとき、「後で」というのは、悪い対応の仕方だ。正しい対応は、「それを話してください」だ。そのとき、情報源が話すことは、完全に別のストーリーになることがある。それは、いまあなたが調査しているテーマよりもっと重要なものかもしれない。

▶7. 情報源にも仕事をさせる

　ケースによっては特に年表が重要になってくる。一連のインタビューを始めるにあたっての良い方法は、出来事の起こった順番とそれぞれの出来事の詳細（誰がそこにいて、何を話したかなど）を検証しつつ、論議された出来事を話すことによって、情報源をリードしてあげることだ。

　最初に話し合うとき、情報源が正確に完璧に出来事を覚えていることはめったにない。彼らの記憶を刺激し、苦痛の体験から解放してあげなければならない。この作業の結果、ストーリーが変わっても動じてはならない。

▶8. 言外の意味を聞きとる

　演劇の用語では、「テキスト」とは舞台上で発音される明示的な対話の台詞（せりふ）である。「サブテキスト」とはせりふの背後にあるものである。インタビューでサブテキストを無視しないように気を付けないといけない。

　特に、

- インタビューの相手の声が変化し、緊張の様子が表れた瞬間を見逃してはいけない。
- 特にあらたな情報を説明するわけでもないのに、情報源の言葉があいまいになり、くどくなるときは、注意したほうがいい（繰り返しにより記憶が呼び起こされることもあるが、詳細な情報が隠されている場合もある）。
- 最後に、あなたが尋ねなかった質問に情報源が答えるときは要注意だ。情報源は、ほんとうに重要なことを話そうとしているのか、そうでなくて、あることを避けようとしているのか。後者なら、情報源が避けようとしていることをその場で聞くか、後で調べないといけない。重要な問題である可能性がある。インタビューを録音しているなら、再生するときにこれらの瞬間に細心の注意を払ってチェックする必要がある。

▶9. 情報源を巻き込む

　インタビューで得られるいかなる情報よりも情報源との関係のほうが重要だということを覚えておいたほうがいい。そのうち、お互いの関係は絆にな

り、責任を伴うようになる。そうなると、駆け出しの調査ジャーナリストは、情報源の経験している問題に深入りしていることに無意識に罪悪感を覚え、情報源を避けるようになる。

　そうすることは、間違いなく悪いことである。その代わりに定期的に情報源と会って、情報共有を求め、最新のニュースがないか、情報源が知っていることについてコメントを求めるなどするべきである。重要な情報が必要なときはすぐに連絡したほうがいい。あなたがいるということを情報源に思い出させるためにも。

　そうすることで、情報源もプロジェクトにだんだん深く関わるようになる。情報源に進展ぐあいを知らせ、情報や見解を求めることが、それが情報源の協力に対するお礼になる。情報源はとても重要な問題についてあなたのコンサルタントになる。

▶10. ノートをすぐに確認する

　インタビューの後、すぐに取材ノートをチェックする時間をとっておくこと。15分もあれば十分だ。書き留めるのを忘れたことはないか、調べよう。雰囲気の印象、あいまいさ、その他こまかいことが部屋を出たときに頭に浮かんでくるから、それらを書き留めよう。

▶11. 休めるときはちょっと休む

　ニュース・リポーターは、報道に追われて、ひどく骨が折れ、情報源と余裕をもって話をすることはできない。彼らは1時間や2時間を超えるインタビューはしない。それに対して、調査報道のインタビューは数日続くこともある。調査報道ジャーナリストは、インタビューの間、疲労やそばに相手がいるという緊張感から攻撃的になりがちだ。根拠もなく、情報源に突っかかるような質問をしないように気を付けよう。

4-6
オンかオフレコか
匿名か

> **情**報源は「これはオフレコです」と言いたがる。普通、彼らはこの言葉の意味を理解してない。不幸なことに、多くのジャーナリストも理解していない。下記のように、匿名か情報源明示かのいろいろな分類がある。

オフレコ：記者は、他の情報源からまったく入手できないという条件下でその情報源から提供された情報を使わないと約束する。しかし、記者が他の情報源から入手できたのであれば、その情報を使うことをその情報源は禁止できない。

出所を明らかにせずに匿名：記者は情報を書くことができるが、情報源を明示できない。別の呼称、"司法当局に近い情報筋"などを使うが、記者と情報源との間で了解が必要。

オン・ザ・レコード：記者は情報源を明示して記事にすることができる。

ここで知っておくべき重要なことは、情報源が「これをオフレコにしたい」というときである。「この情報を記事にしてもらいたい。しかし、私から出たものとしてではなく」と言うときだ。彼らの真意は何か。その情報源に確認すべきだ。この情報を記事にしてほしくないのか、それとも名前を出してほしくないのか。もし情報源が「私の名前を出してほしくない」というなら、「他に何人がこの情報を知っているか、もし私が記事にすると、あなたが情報を流したと分かるか」と情報源に聞くべきだ。答えがノーなら、「情報源についてどのように言及したらいいか」と尋ねるべきだ。「あなたを何と呼んだらいいか」というような聞き方はするべきでない。

　匿名にするか、否かは情報源の選択である。情報源に、自分のキャリアや安全のリスクがあるのにあえて名前を出して情報を提供するように、私たちが要求することはできない。彼らがリスクを冒さないというのは良い判断

である。情報源の選択を尊重し、それを保障するのはあなたの責任である。情報源が分からないように、後で追跡されないように事実は使われるべきだ。同様に、一人か数人の情報源しか知りえない知識に基づいて質問してはならない。誰から情報が出たか、分かるからだ。

　匿名を用いると、情報を使ったことにともなうリスクは、情報源からあなたに移る。誤報なら、あなたの信頼は失墜する。もしあなたが訴追されたら、情報の正確性もあなたの誠実さも証明できない。

　そういう理由で、次のような状況でないなら、匿名の情報源に基づいて記事を発表するべきでない。

・証拠書類が他の情報源からも得られる。
・匿名の情報源から得られた情報が他の裏の取れた情報と合致する。
・情報源は過去に信頼できた。
・情報源が裏付けになる文書を持っていて、その文書によって情報源が誰なのかを追跡されることがないなら、その文書の提供を要求する。そのときに文書の引用部分ではなく、全文の提供を求めるべきだ。全体の文脈を知るためである（ルモンドの医療問題担当の記者は、フランスの汚染血液製剤事件で情報源のこのトリックに引っ掛かり、幾分キャリアを台無しにされた）。

　もしそのような裏付け証拠がないときには、名前を入れていいなら、記事にできることを情報源に伝えたらいい。私たちは、情報源が名前を入れることを受け入れそうだと感じたときに、少なくとも一度は、「あなたの名前を入れて記事にするが、発表する前に引用箇所をあなたに見せるので、再考する機会があります。あなたが読んで不満なら、そこは消します」と告げた。しばしば、情報源は少なくともいくつかの事実について名前を入れるのを受け入れた。

4-7 感情を利用する
（感情に影響されることなく）

の章を通して、情報源とあなたとの関係で感情と心理が重要であることが分かったはずだ。このテーマのいくつかの側面を詳しく検討したい。

▶1. 感情は情報である

　客観性や速報性に基準を置いた報道をすべきだと教えられた記者の典型的な誤りは、情報だけを聞いて、情報源の感情をつかまないことだ。彼らは、彼ら自身の感情も含めて感情を雑音だと思っている。The Powers That Be（『メディアの権力』）で、デイヴィッド・ハルバースタムは、これが、彼らの競争相手ではなく比較的経験の浅い2人のワシントンポストの記者がウォーターゲート事件をものにできた理由であると示唆している。若い記者たちは、情報源が恐れていることを感じ取り、彼ら自身も恐怖を感じ、この事件は大きいと思った。

　少なくとも、感情は何かが起こり、それは重要な問題であることを教えてくれる。従うようにとの指示である。

[例]
　国民戦線の会合で、私たちはいつも部屋の片隅に注意を引かれた。そこには同じような人たちが集まっていた。彼らは、差別主義で暴力的な傾向で知られるフロンツ・インテグリスト・カソリック・ウィング（Front's integrist Catholic wing）のメンバーだった。私たちはどうして部屋の反対側にいる人たちを避けるようにしたか、よく分からなかった。彼らは何者だったのか。どうして、私たちは彼らを恐れたのか。調査によって彼らが異教徒であることが分かった。彼らは古代スカンジナビアの神々の崇拝者だった。カソリックと違って、彼らの暴力は十戒の抑制に縛られなか

った。客観的にみて彼らはカソリックよりもっと危険だった。それが、私たちが彼らを避けた理由だった。彼らは党の階層型組織にあって存在感があり、カソリックと抗争中だったという事実は、非常に重要だ。もしも私たちが恐怖という感情を否定していたとしたら、これらの事実を見逃していただろう。

▶2. 感情の浸透作用

　上で述べたように、ほとんどあらゆる調査において最初の情報源は犠牲者である。彼らには助けと慰めが必要な切迫した理由がある。リポーターが心を開いて彼らの話を聞けば、彼らの苦痛と怒りはやわらぐ。苦痛をやわらげようとして、めそめそしてはいけない。特に情報源と一緒になって泣かないように。

　しかし、調査のある時点で気が落ち込むのは仕方がない。感情を解放し、ストーリーを書き始めようとしたときに、普通それは起こる。ベルギーの記者、クリス・デ・ストゥープは1年間かけて北ヨーロッパの性風俗店の実態を暴き、性奴隷の調査報道の傑作を残している。彼の話では、あのとき年末近くになって数週間も落ち込み、家を出ることができなかった。この症候群の対処法の一つは、チームで働くことである。仲間同士でお互いに今後の見通しを話し合い、精神的にバランスを取ることができる。もしもあなたの編集者がこの症候群を理解できず、認めないとしたら、それは彼が調査に関しては無能だという印である。あなたはどこかほかに支援を求めたほうがいい。

▶3. ハエ取り紙症候群

　リポーターは、調査が長期間になると、ストーリーの情報源を突き動かし、興奮させ、苦悩させている物事に敏感になり、それらを集め始める。虫をとらえるハエ取り紙のように。一つの兆候は、以前には気にも留めなかったのに、ストーリーのいろいろな側面に関わりのある事柄をやたらとニュースの中に探し始める。別の兆候は、そのリポーターの聴覚が変わる。あるキーワードが出てくる会話に耳を澄まし、部屋中で拾い始める（これは私たちにもあなたにも起こる）。信じられないほどエキサイティングな感覚であり、エネルギー

は高まるが、落ち着かない。注意しないと、この新しい感覚はストーリー以外の世界を見えなくする。正常な感覚が失われ、現実の社会はたいていの場合かなりうまく機能しているという感覚を失ってしまう。なぜなら、うまくいかなくなった人生に同調してしまっているからだ。これを感じたら、しばらくはストーリー以外のことを考えるようにしたらいい。

▶4. 疑いと拒絶

　数年前、5年間にわたる調査の最中に、気に入っていた情報源、とても尊敬できる魅力的な人たちがたまたま罪を犯していることが分かった。しかも、それを裏付けるのが私たちの仕事だった。彼らは影響力のある人たちだったので、真実を伝えるのは恐ろしいことだった。そういう状況では、肉体的に具合がおかしくなるリポーターが出てくる。まじめなリポーターが事件を裏付けるのに必要なあらゆる事実は揃っているか、重要な事実を何か見逃しているのではないか、自問自答する瞬間に危機は訪れる。病気になるほど十分に見聞し、調べたと思う一方で、どこかで、そうでないと信じたい。だから、データはいつまでたっても十分とは思えない。これを心に留めてほしい。もしもそれを発表しないなら、あなたはますます悪い状態に陥るということを。すでに見つけた事実の範囲内で自分たちの仕事を尊重し、そして公表するべきだ。

▶5. 感情の客観化

　これらの感情的な反応を処理する簡単な方法がある。調査の過程で感情を記録することである。

- 感じていることを書き留める。何でそのような感情になったか、誰と話して、彼らは何を言ったか、あなたは何を思ったか。
- 感情を書き留めることで、感情を具体化し、客観化し、うまく取り扱うことができる。
- この具体化された材料は他と同様に検証されうる。情報源とのやり取りにおける思考や行動のパターンを確認するのにそれを利用しよう。特に調査

の危険点を判断するのに使える。不安や恐怖は特別な瞬間に起こってくる。それらの感情は新たな調査が必要なことを示している。そうでないとするなら、それらの感情はあなた自身が無防備で孤立していると感じていることを示している。いずれにしても、仲間を探し、自分の情報を確認し、行動したほうがいい。

▶6.明日を忘れるな

あまりに多くのジャーナリストが発表した後、情報源のことを忘れる。そんなジャーナリストになってはいけない。発表したきりで連絡が途絶えたら、情報源はあなたに裏切られたと思うだろう。連絡を取り続けると、将来の調査企画のネットワークを築くことにもつながる。それができないなら、多分あなたは調査報道ジャーナリストにはなれない。

一つ付け加えるならば、私たちのジャーナリズムの学生たちは、「調査報道は敵を作るのではないでしょうか」と聞いてくる。確かに、そうだ。しかし、あなたがまっとうに仕事をして、彼らの権利とあなた自身のそれを尊重するなら、あなたの敵であってもあなたを尊敬するだろう。もっと重要なことは、敵よりももっと多くの友人ができるはずだ。その友人たちはおそらく上質の人たちである。

［整理］

第5章

整理──成功のための条件づくり

**マーク・リー・ハンター、
フレミング・スビス**

ここまでのプロセス：
1──テーマを見つける。
2──立証すべき仮説を立てる。
3──仮説を立証するための公開データを求める。
4──人的情報源を探す。
5──データを収集しつつ、整理する。そうすることで、
　　データを検証し、組み合わせてストーリーを作成し、
　　チェックしやすくすることができる。

調査報道は、今まで行なわれてきたニュース報道に比べて非常に多くの資料・材料を集める。この資料・材料は、調査の進行度に従い効果的に整理されなければならない。整理作業は、記事を系統立てて執筆したり、発表したりする過程の一部である。すなわち調べた後に整理し、執筆するわけではない。そうでなく調べながら整理する。そうすることで効果的に執筆に取りかかることができる。整理することに時間をかけなければ、少なくとも2倍もの時間が最終的にプロジェクトにかかる。さらにストーリーを組み立て、説明し、防衛するのが難しくなる。加えて、いつも心配になり、乱雑で、ストレスもたまり、少しも楽しくない。

日常業務に組み込むための簡単な手順を紹介する。

5-1 文書を整理する

私たちが初めて米国の主要雑誌に記事を発表した際に、どうしても素晴らしいエピソードを省かないといけなくなった。主要登場人物が法廷審問の際、証人席でうそをついた。しかし、ジャーナリストはその場にはいなかったうえに、その件を立証する新聞記事をなくしてしまった。同僚の1人は重要なファイルが入ったかばんをタクシーに置き忘れ、調査を断念しないといけなくなった。ほかの同僚は、調査対象者が行なったある研究に関する証拠を1年かけて探していたが、後でそれが自分のファイルの中にすでにあったことに気付いた。

整理作業をすることにより、このような問題を避けることができる。調査報道の際の整理作業は、以下の手順を踏む。

- 自分の見つけた書類がどんなものであり、そこにどんな情報が入っているかを知っておくこと（それを「資産」（assets）と呼ぶ）。
- どこに特定の情報があるかを知り、即座に引き出せるようにしておく（30秒以内で）。
- 資料内で関連した事実を結びつけられるようにしておく。

どんな情報を持っているかを熟知し、即座に出し入れができると、調査は行き詰まることはない。同様に重要なことは、将来別の企画に取りかかる際にも、同じ情報を使用できる。これは、資本金を積み立てるようなものだ。これができないならば、自身の仕事とキャリアはより貧弱なものになるだろう。これをささいなことだと見なさないことである。全ての時間をこの作業に費やすことはできないが、これに十分な時間をかけておくと、取材のどの段階でもデータと資料を管理することができる。

この過程は、2つの部分に分けられる。

- 明白なのは、データベースを作ることである。それは検索可能な、整理された保存記録、あるいは入手した文書の図書館と言えるものである。
- 徐々に分かってくるが、データベースを構築していくにつれ、ストーリーも構成されていき、執筆への自信が湧いてくる。

▶データベース作成

データベースまたはアーカイブは紙のフォルダーや電子データ、あるいはその両方を組み合わせる。しかし、それを使わなければデータベースを作成する意味がないので、その構造をきちんと作り、迅速に行なう。次のように、単純で、効果的な手順を踏むとよい。

A／書類を収集する

情報源の名刺、公式報告書、新聞記事、インタビューの記録は、重要な記録文書である。

B／内容を評価するために、文書を見直す

　重要そうな部分に下線を引いたり、マーカーをつけたりする。紙の文書が特に重要に思えるなら、紙のコピーをしておくか、電子コピーを作る。

C／文書にタイトルや番号を付ける

　文書の種類を思い出しやすいように、タイトルを付ける（このことは、ウェブページに掲載されている資料の場合は、特に重要である。元のタイトルのままでページを保存することは、ハードディスクに丸見え状態で保存するのと同じで、情報セキュリティー上の危険性がある。オリジナルのURLをどこかに保存し、ほかの場所にタイトル名を変えて保存する。あるいは、興味のある内容は参照URLを付けて他の資料にコピーしたほうがいい）。インタビューに関しては、対象者の名前を使用することを勧める。それが秘密ならばコードネームを付ける。

D／書類とじ

　しっくりくるような順番に整理する。実際のファイルでも電子ファイルでも、アルファベット順を勧める。またテーマ別のファイリングを勧める。1つの文書で、1つのテーマファイルで開始し、文書が増えていくにつれ、テーマファイルを拡大し、さらに見出しを細かく分割していく。テーマファイル内は、文書を時系列に並べ、最新の文書が先頭に来るようにする。

E／1カ月に一度、定期的に文書を見直す

　異なった文書が正確にファイリングされるようにする。知らない文書が見つかったら、時間をかけて目を通す。この作業の目的は、ファイルを最新のものにしておくだけでなく、何が入っているかを正確に把握することである。

F／複数のファイル間で文書を横断的に利用する

　ファイルから別の記事になりそうな特別な出来事や連続する出来事が浮かび上がってくる場合は、全ての関連ファイルから関係文書をコピーして、新しいファイルを作る。オリジナルの文書は元のファイルに保存したままにしておく。これはFBIで使用されている技術である。たとえば、2つのファ

イルに同じ人物の情報を含む文書がそれぞれある場合、それらの関係文書をコピーして、それぞれのファイルに挿入する。こうすることで、異なったデータ間につながりを発見する可能性が高くなる。

G／バックアップをとる

　文書が重要な場合、コピーをとり、自宅やオフィスではない場所に保管する。自分や同僚のみがアクセスできるようにする。秘密の情報源などの重要データをコンピューターには保存してはいけない。コンピューター上のデータの安全は保証されていないからだ。

5-2 データを構築する：マスターファイルを作成する

> **集**めた貴重な文書「資産」からストーリーが書かれないなら、その「資産」はあなたの役には立たない。仮説を立てると、ストーリーを執筆する際に重要な部分を思い出せるので、どんなリサーチをすればよいかの道標となる。しかし、仮説を立てたからと言って、自然にきっちりと構成されたストーリーの執筆に至るわけではない。そうするためには、他の重要な要素がある。それがマスターファイルだ。

　最も基本的なレベルで、マスターファイルはデータの百貨店であり、集めた情報を全て放り込む場所となる。それは、混沌としたゴミ捨て場ではなく、秩序だったものにしないといけない。ポイントは、使用する可能性のある情報の全てを単一の場所と形式で収納することである。

▶1. マスターファイルの基礎

A／新しい文書処理ファイルやデータベースファイルをコンピューター上に作成する。どちらでも構わないが、使用しやすい形式で行なう。

B／データをこのファイルに移す。
- ここでいう「データ」は、ストーリーを書くのに必要な全ての事実である。情報源、インタビューの書き取り原稿、文書から抜粋したもの、ノートなどである。まず、情報源のデータを先にいれることを勧める。そうすることで、これらを簡単に見つけることができる。
- オンライン文書、ウェブページからの抜粋、スキャンされた図などのデータは直接ファイルにコピーする。
- 紙の文書のようなデータで、オリジナルが重要ならば、文書をスキャンし、ハードドライブのアクセスしやすい場所に置いておく。そして、マスターファイルの中の文書がある場所にハイパーリンクを挿入する。もちろん、ウェブサイトや他のオンライン情報のハイパーリンクを含んでいてもよい。
- インタビューから引用する重要な部分を書き写す作業を怠ってはいけない。調査報道ジャーナリズムでは、このような作業にきちんと時間をかけておくと、のちのち時間の節約になる。
- ファイルに入れる全てのデータは、出典情報を含んでいないといけない。出版物に関しては、完全な文献情報を付加する。
- 情報源への連絡に関する文書も入れる。取材相手に初めて接触したのはいつか、何を言ったのか、いつ情報源との守秘義務の約束をしたかなど。取材が行き詰まったとき、この手の情報は非常に重要である。なぜなら、どれだけ真剣に取材に取り組んできたかを示す証拠である。
- 繰り返すが、情報源の安全を危険にさらしかねないようなマスターファイルは作成しない。コンピューター上の情報は誰かにアクセスされる可能性があるため、細心の注意が必要である。

C／マスターファイルにデータを入れる際、ファイルフォルダーのようなものに保存する場合には、その場所を把握しておく。このような作業は、後で特定の文書に関して疑問が湧いた場合に役に立つ。簡単にそれを見つけられるからだ。執筆したストーリーが発表される前に、どんな証拠を持っているかを弁護士が知りたい場合にも、すぐにそれを手渡すことができる（特にジャーナリストが訴えられた場合、弁護する側にとっては、歓迎すべき作業である）。

D／データを移すとき、優先順位を付ける。最も単純で、整理する観点から役に立つ順序は、時系列である。起こった順に文書を並べる。記事に関連する人物の写真、経歴を事件が起きた日時に沿って挿入する。

E／マスターファイルを作成するにつれて、はっきりしない、異なったデータや事件や事実の間のつながりが明確になる。保存文書に対する解釈の文章やパラグラフもはっきりしてくる。マスターファイルを作成する際には、そのような点にも留意する。そしてキーワードで識別する（たとえば、頭文字で「NOTE」や「TN」を用いて、「留意するもの」(To Note) を明示する）。

F／（月／日／年）など、統一したフォーマットを日付には使用する。マスターファイルを適切に検索できるようにするため、いつも同じ形式で名前を入力する。

▶2. マスターファイルを分割化する

システム上でこの方法を詳細に発展させたのは、デンマーク・コンピューター支援報道研究所（Danish Institute for Computer-Assisted Reporting: DICAR）の共同設立者であったフレミング・スビスである。データを集積したり、追跡したりするために文書処理ファイルを使用するのではなく、フレミングはエクセルか表計算オープンソフトを使用して、索引を作り、取材別にマスターファイルを作成した。方法は単純である。取材ごとにスプレッドシート（表計算ソフトのファイル）を作成し、下記のような見出しで、異なったページを作成する。

A／文書リスト

フレミングは、年代順の文書整理を用いた。彼は、「全ての文書には、番号を振り、番号順に文書を保管すること」と主張する。リストに電子文書があると、ウェブやハードディスクへのハイパーリンクを加える。下記のように、文書に関するデータの列を作成する。

番号	日付	どこから	どこへ	テーマ、内容、キーワード	形式
1	2005年1月2日	姓名	姓名	キーワード	Email
2					手紙
3					電話番号

B／情報源リスト

ここではフレミングは情報源の連絡先の記録を残している。データシートは、このような形式になる。（全て整理されているが、情報源の名前は変えてある）

番号	肩書	人物	組織	住所	郵便番号	国	会社電話番号	電話番号
1	編集者	フレミング・スビス	Dicar	Olof Palmes Alle 11	8200	デンマーク	+45 89440493	+45 89440480
2								
3								

C／時系列

スプレッドシートは、情報源の連絡先などを含む、取材中の一連の出来事についてのものである。このようになる。

日付	情報源	組織	出来事(活動)	内容、キーワード	情報源
2003年1月2日	姓名	名前	…とのインタビュー	スキャンダルなど	
			…とのミーティング		
			…関連の、文書の開示		

D／次は、連絡ログである。このような形になる。

日付	時間	取材者	情報提供者	組織	連絡	答え	内容
2003年1月2日	午後1時22分	名前	姓名	名前	Yes	インタビュー	調査終了した汚職事件
					午後3時に再度電話		
					午後1時5分にメール	Email 返答あり	

見ての通り、フレミングは他の記者（私のような）が一つのファイルにまとめてしまうところを異なった情報に分割する。この方法の一つの利点は、システムに余裕を与えているという点である。したがって同じ情報が複数の場所

に何度も出てくる(不利な点は、誤表記が出る可能性が高まることである)。2番目に非常に大きな利点は、スプレッドシートを使用することでファイルを素早く並べ替えることができるため、調査対象の人物や要因ついてのあらゆる参照事項を見つけ出したり、グループ分けをしたりすることができる点である。この作業はワープロではできない。

　必要に応じて、不備が出ないかぎり、自分にとって使い勝手がよいソフトウェアを使用したらよい。好みに応じて、ワープロ、スプレッドシートなどを使用する。情報整理作業に、パソコンは思う存分使いこなしたほうが便利である。

▶3. わざわざどうして

　全てのストーリーの作成にこのような手順を全て踏む必要はない。しかし、数十の文書、情報源を含む取材のために何らかの形式でマスターファイルを作成しないと、後で後悔することになる。通常の報道と違って、調査報道はより多くの情報、連絡先、異なった種類と質の情報を含む。ここで紹介するシステムは、そういう状況に対応するための方法である。これらを改善し、自分に合うように調整してもよい。あるいはより優れた自分自身のものを見つけてもいい。

　しかし、この手順を省いても、作業効率は高まらない。進行度は遅くなるか、行き詰まるケースもあるのだ。コンピューターを使用し、このように体系立てることの強みは次の点である。

・執筆の際にデータが整列し、使用可能な状態なので、必要なことを見落とさないようになる。
・事実確認をする際にデータと情報源を一つの場所に置いておくと、時間の節約になり、フラストレーションもたまらない。
・つまり、より早く、より良い記事が書ける。

5–3 ファイルにつながりを作る

文書を収集し、チェックし、精査しやすくすることで、データ内でのつながりを見つけやすくなる。データを見て、答えが見つかっていない疑問を見つけることもある。そのため、保存記録から、どのデータがまだ足りず、補完されなければならないかが分かる。また立てた仮説に関する新しいデータに敏感になり、予期せぬ発見をすることもある。

新しいつながりを作る過程の例

ステップ1（開始）

「国民戦線」を取材するうちに、しばしば裁判沙汰を起こしていたことに気付く。そのため、「司法積極主義」が彼らの重要な戦略だという仮説を立てた。新聞記事、令状といった、彼らの裁判問題に関する文書を収集した。

ステップ2（多様化）

資料が増えるに従い、タイプ別に分類した。選挙違反、「国民戦線」のメンバーが関わったと疑われる、暴力犯罪などの告発に関する新しいファイルを作成した。

ステップ3（焦点を合わせる）

暴行事件の被疑者の中には、ネオナチを象徴する頭をそり上げた人物がいたので、公式の否定にもかかわらず、「国民戦線」はネオナチ関連の運動と結び付きがあるという仮説を立てた。頭をそり上げた人物に関するファイルも作成した。最終的に2人の頭をそり上げた人物と「国民戦線」に所属する市議候補が、バットで長髪の男を襲い、身体障害者にしてしまった裁判の報告書を見つけた。被害者の弁護士に連絡を取った。

ステップ4（つながりを見いだす）

　弁護士が、他のグループの暴行者が関わっていた可能性を示す情報を提供してくれたが、結局は見つけることができなかった。彼らは異教徒のようだった（この場合、古代スカンジナビアの神の信奉者である）。「国民戦線」の地下組織の異教徒に関するファイルもすでに保管していたので、それに頭をそり上げた人物のファイルを付け加えた。「国民戦線」内部の情報提供者からの情報を元に、「国民戦線」と頭をそり上げた人物をつなぐのは、「異教徒」であるという仮説を立てた。

ステップ5（検討し、再構成する）

　さまざまなファイルから情報を集め、地下組織の異教徒、頭をそり上げた人物、「国民戦線」の関わる暴力行為の関連性を探した。入手済みの文書は、頭をそり上げた人物に関する「国民戦線」幹部のインタビュー、「国民戦線」の出版物、「国民戦線」から入手した異教徒のインタビュー、他の情報などである。このファイルは、上記で詳述した暴行事件についての本を書くのに役立った。それを利用して、地下組織の異教徒、頭をそり上げた人物たち、「国民戦線」のつながりを暴いた。

▶再検討：体系化する過程における重要な原則と手段

1. 特定のポイントに即座にアクセスできるように、文書や切り抜きなどを整理する。
2. 調査の進行に従って名前、説明、ファイルデータを追加する。
3. マスターファイルを作成し、情報源、参照事項を一つにまとめる。
4. データを体系化することで、調査の欠点を見つけ、さらなる取材目的を立てる。
5. 精査と再構成をを繰り返し、特定のファイル内のデータを他のファイルのデータとクロス分析する。

［執筆］

第6章
調査結果を書く

マーク・リー・ハンター

ここまでのプロセス：
1—テーマを見つける。
2—立証すべき仮説を立てる。
3—仮説を立証するための公開データを求める。
4—人的情報源を探す。
5—データを収集しつつ、整理する。そうすることで、データを検証し、組み合わせてストーリーを作成し、チェックしやすくすることができる。
6—データを構成に沿って並べ、ストーリーを作成する。

> **調**査報道のストーリーを書くのは、ニュース記事を書く仕事とは同じではない。前章では、調査の作業を執筆過程へと移していくため、いかに整理作業が重要な役割を果たすかについて話した。調査報道のストーリーを仕上げるときは、ニュースを書くのとは違う技術が要求され、そして創造的で伝統的な表現法技がニュースを書く以上に必要になる。もっと複雑な方法で、叙述のルールに従って描いていく。リポーターは、フィクションに関連する技量を用いなければならないが、同時にフィクションを書くことは避けなければならない。意識するかしないかにかかわらず、あなたの感情が文章の中へ入っていく。

6-1 スタイルの要素

▶1.退屈になるのを避ける

　私たちの多くは、調査に基づいて書く際、事実を簡潔に伝え、読者や視聴者に結論を出させるようにすべきだと教えられてきた。だから、事実はリポーターの意見や感情で色付けされてはいけない。それ以外の方法は「真面目なもの」とは見なされていない。

　もちろんそのような考え方の基調は、それが適正に意識的に用いられるとき、大きな効果を持つ。しかし、それにもかかわらず、リポーターの情熱、個性、価値観が作品に表れるべきではないという主張はおかしい。意味を十分に理解するために、読者や視聴者もまた彼らの感覚を研ぎ澄ましておかねばならない。いろいろな方法で、読者や視聴者は、記者が見たり、聞いたりしたことの影響を感じ取らなければならない。そうでなければ、彼らはそれを理解できないだろう。

　読者や視聴者にこの機会を与えることができない調査報道ジャーナリストは落第である。それだけのことだ。

調査報道ジャーナリストは、独特のやり方で客観的でなければならない。与えられた状況の中で全ての事実に中立で正直であるべきだ。そのような中立性は、ある事実の結果に無関心であるという意味ではないし、それはありえない。政治家は、そのようなジャーナリストを客観性に欠けていると批判したがる。しかし、調査報道の基本的な目的は改革である。世の中を変えたいという欲求は本来人間に備わっている属性であり、それは主観的なものである。

　客観的な事実は、調査作業の目的というよりむしろ手段である。事実の存在は、それを観察する人が誰であっても、まったく疑う余地がないものだ。読者や視聴者は情報のみを欲しているのではなく、意味を知りたいのだ。誰かが情報に意味を与えなければならない。

　意味の部分はストーリーの仕事である。リポーターはそれを理解している。要するに、事実で裏付けをして、注意を引く方法でストーリーを語ればよい。
　物書きはたいてい文章のスタイルを気にしすぎる。本物のスタイルは個人的なもので、個性があり、自然に表れるものである。スタイルが材料よりも勝ってはいけない。そうであるならば、材料は重要でないということになる。簡潔なスタイルは容易に複雑にできるが、複雑なスタイルを簡潔にすることは難しい。自己流とマンネリに陥らないようにするべきだ。調査報道を書くコツはリズムである。あまりにもスタイルにこだわると、間が抜けたものになる。

▶2. 疑念の危険

　お金持ちや世間的に影響力のある情報源は、リポーターの多くを追従者や無知な者のように扱う。そういう理由もあって、リポーターのなかには自分たちの価値を信じない者もいる。自分より面白く、活動的で重要な人物と知り合いになりたいためにジャーナリストになる人たちもいる。そのような姿勢は、調査報道にとっては致命的だ。それは、読者が考えるよりもよくあることである。

　私が教えているジャーナリストの中にも、毎年何人かは完全にいい題材を

見つけて、素晴らしい調査をし、最後になってせっかくの調査結果を破棄してしまう者がいる。彼らは不愉快な真実を発見したにもかかわらず、信頼できる情報筋に、それは真実ではないと説き伏せられて、それを信用してしまう。概してその信頼できる情報筋というのは、見識と警告を織り交ぜた口調で対応するので、ジャーナリストは無意識に従ってしまう。

　たとえば医学的人工妊娠中絶についての調査の最後で、ある有名な医者はこう言っている。「時として不確実性のために、夫婦はある人々にとっては受け入れられない選択をせざるをえないのだ」。その医者の言葉はとてもいい人のように聞こえるが、彼はリポーターたちが見つけた事実を否定しようとしているのだ。生死の決定をしようとしたのは夫婦ではなく、医者である。その医者に決定的な言葉を言わせることで、リポーターたちは自分の仕事をダメにしてしまった。このような信念の喪失には気を付けないといけない。

　似たような誤りの例は、相手に猛攻撃を加えていたジャーナリストが最後に次のようなことを言うケースだ。「彼は、ほんとうはそれほど悪くはなかったのだ」。これはそのジャーナリストが無意識に恐れ、承認を求めたがっていることを表している。真実を見つけたなら、それを語るべきだ。あなたの知性を褒めそやしながら、同時にあなたをばかにしている情報源から元気づけの言葉を求めることはやめるべきである。

▶3. 非情になれ、意地悪でなく

　調査を実施し、まとめることでストレスを強いられ、疲労、欲求不満、そして怒りがたまる。こういうことは全て、リポーターを無礼にし、攻撃的な傾向にする危険性がある。それは防御メカニズムなのだが、そのような態度は視聴者や取材対象者に弱さを見せることになる。名誉毀損（きそん）で裁判にかけられたなら、不誠実とみられる。ささいなことで侮辱的な行動をして、重大な告発記事を汚してはならない。そうすることで、手痛い償いをすることになる。いわれのない表現がないか、原稿を読み返して、それがあれば、削除しないといけない。

6-2
スタイルのバックグラウンドづくり：モデルを用いる

物語作品のほとんどあらゆる問題は、過去に才能ある人たちが取り組み、解決している。彼らでさえもほかの人の技術と材料をお手本にしている。（たとえば、シェークスピアは他の劇作家や歴史家からプロットを借用した。）あなたに才能があるかどうかは別にして、先人と同じやり方をしてもいい。モデル探しは、情報を発見するのと同じようなレベルで調査の一部としてとらえるべきだ。

　特別なプロジェクトを引き受けたら、同じような問題を取り扱った物語作家を探し、彼らの作品から学ぶ。特に長い作品を扱うときに、これは重要だ。必要な物語作品づくりの技術全てを自分で編み出し、情報を管理する時間はないからだ。

　たとえば、訴訟手続きの詳細な説明部分はジャーナリストにとっての主要な作業になる。なぜなら、それがうまくいかないとストーリーがうまく伝わらないからだ。いかに面白く伝えるかというのは、永遠の課題である。『娼婦たちの栄光と悲惨』（*Splendors and Miseries of the Courtisans*）のバルザック以外にうまくこの問題を解決した作家はいない。

　何度も出てくる別の課題は、多数の人物をどのように扱うか、である。なぜなら調査報道ジャーナリストは創作作家ではないので、物語を簡潔にするために登場人物を簡単に消し去ることはできない。英国の作家アンソニー・トロロープ（Anthony Trollope）はこの問題を解決するために、登場人物の役をより小さな単位に分けて、場面ごとの物語構造を編み出した。

　タキトゥス（Tacitus）やスエトニウス（Suetonius）のようなローマの歴史家たちは、それぞれにノンフィクションの筋の展開と政治家の人物像を描く手法を編み出し、高い水準まで持ってきた。

　映画監督のキング・ヴィダー（King Vidor）は、演技、撮影、編集に、リズミカルな手法を用いることを熱心に実験した。あなたに最もなじむ様式を用い

なさい。自分の専門技能だけでなく、芸術分野を研究しなさい。必要なものを取り入れ、借用元にはきちんと敬意を払うようにする。

6-3 物語構造を決める：年代記か叙事詩風か

調査報道は典型的なニュース報道の構造を圧倒する。よく知られていることだが、ニュース報道の構造は単に5つのW（who誰が、what何を、whenいつ、whereどこで、そしてwhyなぜ）から構成される。調査報道も5Wを含んでいるが、さらに深く広い形式を用いる。調査報道は、動機、身体的特徴、個人史、さらに肩書や見識を超えたそのほかの特徴を持った登場人物たちが対象である。調査報道で描かれる出来事は、それ自身の固有の性格と歴史を持っている場所で起こる。ストーリーは問題が起こった過去に始まり、それが明らかになった現在、そして問題の暴露によって引き起こされる未来を私たちに見せてくれる。要するに、それは豊かな物語なのだ。あなたがストーリーを機能させたいのなら、うまく構成しなければならない。

豊かにストーリーを構成する主要な2つの方法

- 年代順の構造では、出来事は時間順で構成される。一つのストーリーの中で、それぞれの連続した出来事は次に起こる出来事に影響を与え、話の展開が変わる可能性もある。
- 典型的なピカレスク小説の構造では、登場人物たちが舞台となる景観の中を順番に移動していくように、出来事は場所によって構成される。各場面はミニ物語に必要な全ての要素を備え、まとまっている。

それらの構成の最高の見本となる古典作品は、ギリシャの詩人ホーマーの作品である。トロイ戦争を描写した「イリアッド」では、出来事全体は時代順

に進行していく。「オデッセイ」では、時代における出来事が発生する順番は重要ではない。むしろ、場所がストーリーに決定的な影響を与え、場所から場所への展開を通して描かれる物語の動きのほうが重要なのである。

▶これらの二つのスタイルから１つを選び、ストーリーの構築に応用する

材料によってどの手法を採用するかを決める。無情な運命の展開があるストーリーは、時代順に語られるべきだ。前には見落としていた権力が存在する場所、そういう驚くべき場所で満ち溢れた世界の意味を伝えるには、ピカレスク小説の構造がその威力を最高に発揮できる。

たとえば、以前、「国民戦線」を取材したときにピカレスク小説の構造を使った。なぜなら、それは地元に強く結びついた多くの異なった人々からなる運動だからだ。もしも「国民戦線」が彼らの敵対者が描くように中央集権化された破壊者になってしまっていたのなら、その展開を時代順で叙述することがもっとふさわしかったかもしれない。

▶各スタイルには独自の利点がある

ピカレスク小説の構造は、状況の範囲と規模を時代順の構造よりも容易に描ける。しかし、時代順の描写は状況の根源を見つける手段としてはるかに優れている。

自分にとって「自然だ」と感じられるという理由だけで、材料を自分のスタイルの構造にあてはめるのは避けるべきだ。この観点からマイケル・ムーアの例は、興味深い。彼の自然な手法はピカレスク小説の形式である。冷笑的なよそ者（ムーア自身）が不気味な土地に乗り込んでいく、これが彼の典型的な語り口である。彼の作品の多くで、それは成功している。しかし、それは「華氏911」(Fahrenheit 911)ではうまくいっていない。その理由の一つは、映画はブッシュ家とサウジアラビアの関係を暴こうとするのだが、友好関係というものはゆっくりと時間をかけて発展するので、ピカレスク小説の形式ではうまくいかないのである。

ストーリーを時間の中で展開するか、あるいは空間の中で展開するかは、素材そのものから判断しよう。どの形式にするかを決めたら、コンピュー

ターに向かってあらすじを書き始める。

6-4 出来事の起こった順番に構築し、たわめる

> 『政治学』(The Poetics)の著者、古代ギリシャの哲学者アリストテレスによると、物語には始まりと中間と終わりがある。それは知っておくと便利ではあるが、ジャーナリステッィクな叙述の重要な問題は解決してくれない。

　まず、私たちは通常、書き始めようとしているときでさえもストーリーの結末は分からない。たとえば、人殺しが分かったとしても、その容疑者が刑務所に行くかどうかを決めるのは私たちではない。さらに、私たちは、人々の最大の関心事や期待に応えるために重要な出来事をすぐに伝えるのが仕事である。言い換えれば、人々はどこでストーリーが始まったかというよりも、最新の展開に関心がある。そのように調査報道の叙述はしばしば現時点から始まり、どうしてこうなったか、つまり過去にさかのぼり、読者がストーリーを理解できるように現在に戻り、それから次の展開、可能な将来の解決へと向かう。

　「現在、過去、未来」の構造は読者の3つの重要な疑問に答える

- なぜこのストーリーに関心を持つべきか。
- どのようにこの恐ろしい出来事、そうでなければ素晴らしい出来事が起こったか。
- そもそもそれは終わるのか。どのように。

　これは長文形式のジャーナリズムで最も普通に用いられる叙述構造であり、

たいていの状況においてとても効果がある。とはいえ、それを使うように強いるつもりはない。事実、時代順の原則は大変強力であり、適切に使うなら、それは作り変えることも可能である。

　たとえば、私たちはある殺人事件のフィーチャー記事を未来から書き始めた。見込み捜査の犠牲者の両親はやってもいない犯罪の裁判に追い詰められることになる。ストーリーは事件の過去にさかのぼり、いかに警察がぞっとするほどの不確かな推測情報で報道機関を焚(た)きつけたかを示す。結論は現在で、この裁判を弾劾する意見を出して終わる。逆に、過去に事件が始まったところからストーリーを始め、「これはどのように終わるのか」という問いへとまっすぐに向かうこともできる。しかし、たいていの場合、ストーリーの核心部分は、「このことはどのようにして起こったのか」という問いへの答えである。

　材料を時代順に構成する際に気を付けるべき重要なことが2つある。

・最初に、読者や視聴者を引きつけるところから始める。つまり最も強力な印象を与える場面から展開する。

　それは、誰かが苦しんでいるこの瞬間からスタートしてもいい。何かが永遠に変わってしまった過去の瞬間からであってもいい。私たちに迫りつつある耐えられない未来かもしれない。それがどんなことであろうと、それは読者や視聴者に「どのようにしてこれが起こったのだろうか」と考えさせるようにしなければならない。

・次に、読者や視聴者に時間の前後運動を繰り返させてはいけない。

　車に乗せてそんなことをすれば、乗客は酔ってしまうだろう。読者や視聴者も同様である。過去に行くのなら、そこで何が起こったかを十分に描写をして、それから現在に戻ってくるべきである。2008年から1995年に飛び、それから2006年に、さらに1982年に行く、そのようなことはしないようにする。年代順の動きを可能な限り直接的で単純なものに維持する。このルールの例外は、ピカレスク小説の構造である。ピカレスク小説は同じ出来事を、

違う人たちに違う時間と場所から語らせる。ストーリーの全体構造をいったん選択したなら、それを維持するように覚えておかなければならない。

6-5 マスターファイルを使う

全ての文書の抜粋、人物描写、アイデア、メモなどを入れて、マスターファイルをつくり、使う。書く前にアウトライン（要点）を作るのが好きでない人は特に助かる。

▶1. マスターファイルでアウトラインづくり

- マスターファイルを開いて読み通す。
- それから編集用のバージョンを保存する。
- 再び読み通す。
  今度は、使わない材料をカットする。
- さらにもう一度、通しで読む。
  今度は、材料をカットアンドペーストして年代順か、ピカレスク小説の構成かどちらかの形式の順序で並べる。
- 以上の2つのステップをこれでいいと思うまで繰り返す。
  おめでとう。

　これでアウトラインが出来上がり、準備はできた。ファイルを書き込み、メモとデータをテキストにする。後は、ファイルのページをスクロールして書き直す。文書の参照を脚注にカットエンドペーストすることも忘れずにやる。後で、事実確認と法律的な問題の点検作業がずいぶん楽になる。

▶2. 場面ごとにマスターファイルを構成する

　ピカレスク小説の構成を選択した場合、場面の見出しを書き出すべきだ。その際、必ず次のことを確かめる。

・各場面をストーリー展開のキーポイントにする。
・場面間の移行の際に、一つの場所から別の場所に行く理由をはっきりと分かるようにする。

　マスターファイルから各場面に合った材料をカットエンドペーストする。
　その場所はどうなっているか、そこにいたのは誰か、彼らは何をしたか、何を話していたか（会話）、どのようにしてそれを知ったか、ちゃんと調べたことを確認する。これらは場面を構築する際に必要とされる作業である。

　実際の犯罪調査報道の次の文章で、2人の犯罪目撃者が上司に警告している。詳細な描写をして、重要な文書が本物であると示すことによって彼らの非難に説得力を持たせている。
　「彼らは上司ヒューバート・ランディス（Hubert Landais）の事務所に入っていった。そして彼にクリスティーの目録を渡した。その会社はムリーリョの盗品の絵を売ろうとしている、と彼らは言った。上司はこの絵が最近までフランスにあったという証拠はあるのか、と聞いた。ラクロット（Laclotte）は彼のファイルを開き、一枚の紙を取り出した。使い古しの機械でタイプされていた。ルーブル美術館の研究室が編さんした報告書だった。元主任学芸員マクダレン・アワーズ（Magdeleine Hours）の1975年4月17日付のサインがあった。」

　それぞれの場面を詳細に描写する材料がないなら、また場面が自然に流れないようだったら、まだ書く用意ができていない。前者ならもっと調査結果を詳細に記録する必要ある。後者ならストーリーをもっと理解する必要がある。

▶3. ストーリー ＞ 事実

　調査報道の典型的な構成上の間違いは、事実のなかに埋没してしまうことである。この間違いは、大量の材料を集めて使いこなしていないことや、リポーターがつかんだ情報を全て書いて読者や視聴者に示そうとすることから起こる。

　この問題を解決する2つの主なテクニックがある。

・事実を情報としてだけではなく、デティールとして考える。

　リポーターは、情報を十分に手にすることができないと考えがちである。しかし、デティールは、多すぎるほど容易に手にすることができる。デティールがあってこそ、ストーリーは色と意味合いを持つ。たとえば「家が燃えていた」の表現のように、注意を引くのはデティールである。また、それは深い洞察を提供する。

　たとえば、ある当局者の事務所の装飾や周囲にある物などの描写により、読者や視聴者はその人物が何を重要視しているか、すぐに分かる。同僚のニルズ・ハンソン（Nils Hanson）はそれらのデティールを「ナゲット（nuggets）」、絶え間なく続くストーリーの流れの中できらきら輝く貴金属と呼んでいる。

・新しい事実が明らかになるたびに場面を変える。

　新しい情報源が登場するとか、新しい場所、時が変わる場合である。これらの要素は事実を運ぶ「入れ物」になる。

覚えておくべきこと。

　事実はストーリーを語らない。ストーリーが事実を語るのだ。

　事実の重さでストーリーは動きが取れなくなり、リポーターは失敗する。どんなに面白い事実であっても、ストーリーの意味の理解に役立たないならば、それを使うべきではない。

6-6 特別な構成テクニック

▶1.「ナットグラフ "nutgraf"（ニュース記事の冒頭で要点をまとめるパラグラフ）」、仮説の取り扱い方

　クライマックス近くのある時点でストーリーの核心もしくはナッツ（木の実）、言い換えると、扱っている問題をどう見ているかを読者に伝えるパラグラフを書かなければならない。仮説を定義し、検証した結果は「ナッツ」になる。そのパラグラフがないと、読者はストーリーの意義を理解できない。

　賞に輝いたある調査報道ジャーナリズムのナットグラフを紹介する。

　「1992年に社会主義政府は政治家に支払う給料の上限を設定して、一度にいくつもの事務所を所有するのをやめるように求めた（選挙民主主義へのフランス独特の新方式と言えるが）。しかし、政治家の懐に入らなかった余剰予算をどうするかについて決めておくのを忘れていた。調査によると、その後の10年間で4500万ドルが国から左派、右派の政治家たちのポケットに収まっていた」。

　「ナッツ」は2、3行の短い文にする。それくらいに収めることができないと、まだあなた自身がストーリーを理解していないということになる。

▶2. 不正義の顔　擬人化

　文学の最も古いテクニックの一つは、登場人物を通して状況を擬人化する方法である。このテクニックは多分にジャーナリズムでは使われ過ぎている。しかし、ストーリーの情緒の根幹を感じる方法として、伝える側と受ける側の双方にとってまだ有効である。読者や視聴者に犠牲者を見せるのはストーリーの趣旨を素早く理解させる強力な方法である。

　このテクニックの変形は、ある場所を描写する文章やストーリーから始める方法だ。この方法は映画的である。状況を通してアクションの中心に向かう必要がある。この技法は、設定に特徴がない場合や、設定の特徴の違い

を伝えることができない場合には、機能しない。

　擬人化を使う際に、次のことを確かめる。

・たとえが、ほんとうにストーリーに合っているか。
　劇的な例を示しておきながら、ストーリーは他のことを伝えていないか。
・それぞれの例は一度だけうまく使う。
　ストーリーが1つの事件についてでないかぎり、何度も繰り返し同じ事件には戻らない。

　賞を受けた作品を例示する。その作品では、母親は娘が堪え忍んだことを語り、そこから彼女の悲劇が分かる。
　「キャロル・カステラーノ（Carol Castellano）さんは、娘がいっそ死んでしまっていたほうが良かったのではないかと思うときがあった。
　お腹の中に23週間だけいて1984年に生まれたセレーナ・カステラーノ（Serena Castellano）は、出生が記録されている25万人の障害を持った子どもたちの一人である。『ベビー・ドゥー法（The Baby Doe）』(1982-84)では、とても持ちこたえられない未熟児であっても救済するように義務付け、そのための医療行為を怠る医者は罪に問われた。しかし、政府は赤ちゃんを死から救う一方で、障害を持ったまま放置した。彼らだけでなく家族も。
　ほんの数年前だったらセレーナは、報告もされずに、分娩室で死んだ多くの赤ん坊のように亡くなっていたであろう。目も不自由で、脳に障害を持ち、話すことも、嚙むこともできず、肺疾患と腹部の異常で生まれて、8カ月間で6回の手術が必要だった。知覚もなかった。
　『もし私が、未熟児が体験するつらさをいくらかでも知っていたら、自分の赤ちゃんにそんなことをさせたくない』と、ニュージャージー州の目の不自由な赤ちゃんの両親の会の共同設立者で会長のキャロル・カステラーノさんは語った。『私は自分の娘を深く愛している。彼女がいなくなってほしいとは思わない。しかし、私が未熟児出産と知っていたなら、病院には行かなかっただろう。家で出産し、自然に任せる』」。

この文章では、次のことに注意する。

・キャロル・カステラーノの娘の悲運を思って話す姿が読者や視聴者にある問いを投げかけている。どうして母親が、自分の子どもが死んでいたらと思うのか。
・ナットパラグラフ（冒頭リードの核心）で読者になぜこのストーリーが書かれたのかを示す。
・3番目のパラグラフで読者にほんとうに悲惨な描写を伝える。しかし、次の点に注意する。あまりに苦痛を感じると、読者は受け入れなくなる。それで詳細な描写は飛ばして、キャロル・カステラーノにつらい体験の末に得た知恵、学んだことを静かに語らせた。読者が子どもの恐ろしい苦しみを直視する苦痛をやわらげるようにした。

▶3. 犠牲者の前に出ないように

　犠牲者について書くか撮影するとき、犠牲者の苦痛を代弁して怒りと悲しみを読者に共感するように強いて、リポーターが文字通り比ゆ的に前に出てくるときがある。これも犯しやすい間違いである。
　私が教えているある学生は、フランスの妊娠中絶の調査で、その女性にとって中絶は悪夢だったと書き、このように主張した。「彼女と夫は心の痛手を受けて生きている…。若い夫婦はショックで訳が分からなくなっている」。
　ここでは犠牲者の苦しみより、いきなりリポーターの解釈が前に出てきている。無意識に、リポーターは苦痛を見るのを避けようとする。読者や視聴者は、犠牲者より自分がもっと重要だと思っているリポーターを見ることになる。誰かが苦しんでいるのなら、そのまま見せるべきで、リポーターが前面に出てはならない。

　前に出るのであれば、犠牲者のそばにいるべきである。
　調査報道ジャーナリズムの典型的な役割は、自分で自分の身を守れない人々を守ることである。これは『私は弾劾する』（J'accuse）のゾラ、ブルキナファソ（Burkina Faso）のノルベルト・ゾンゴ（Norbert Zongo）の役割である。ほかにた

くさんの例が挙げられる。この役割を果たすなら、ジャーナリストが前に出てくるのは正当化できるが、気を付けないといけないことは、ジャーナリストが犠牲者の名誉を守るのに役立つことができなかったとすれば、自分が名声を得られたとしても栄誉なことは何もない。

▶4.情報源に語らせる

　情報源がすでに完璧に話していることを再度伝えようとして、ジャーナリズムは膨大な時間を無駄にしている。それは残念ことだ。なぜなら、ストーリーの当事者が誰よりもうまく表現できるし、情熱をもって語ることができるので、彼らに語らせることが一番いい。登場人物が、すでにジャーナリストのためにやってあげているのに、改めて完全な文章を書こうとする必要はない。

　最良の方法は、彼らの発言をジャーナリストが書いたかのように自分の文章の中に織り込むことだ。登場人物にストーリーを展開させることである。この例では、問題に精通した病院の広報担当者にベビー・ドゥー法の恐怖と破滅を語らせた。

　「昨年、ロサンゼルスのシーダーズ・サイナイ (Cedars Sinai) 病院の医者たちはたった13オンス（約369グラム）の体重の新生児の命を救った。6カ月で100万ドルの医療費で、乳児は退院し、2週間後に死亡した。『定額限度補償型保険に加入していたため、家族は幸運だった』と病院の担当者は話した。『100万ドルも医療費に払うなんて想像できますか。赤ちゃんは死んでしまっているのですよ』」。

　下記の文節では、録音してある「国民戦線」関係者の発言を長々と引用した（書き起こしに時間がかかるから、普通は録音しない。しかし、このときは例外として録音した。というのも、「国民戦線」は名誉毀損でよく訴えるからだ。録音は正確に引用できるので、証拠になる）。この文節は情報としての価値は実際上、ゼロである。その男はばかげたことを話している。しかし、その男の気質が問題なので、それを理解するには文節全体を使わなければならなかった。

　本が出版された際、ある雑誌はこの箇所を冒頭に引用した。

　「この政府とその裏通りには、小児性愛で刑務所入れられるべき連中がい

る。俺の言うのを聞いているか。聞いているのか。ロジャー・オレインドレ (Roger Holeindre) があんたに言ったね。5時15分前だと思うよ！　俺の言うことを聞いているか。まあ、この前の夜に話していたな。『この人間のくず連中はみんな縛り首にしろ』と。部屋にいたあるご婦人が言った。『おー、オレインドレさん、素敵ではありませんか。どうして彼らを絞首刑にするのですか』、それで俺はこう答えた。『ええ、ご婦人、小児性愛ってご存じですか。』『いいえ、わかりません』『ええ、自分の地位を利用して得をしている男たちですよ。…3、4歳か、5歳くらいの年の子どもたちをレイプするために』『彼らは縛り首にしないといけません！』『あなた、確かにそう言いましたね、ご婦人』」。

　覚えておいてほしい。読者はあなたから事実だけを聞きたいのではない。彼らは登場人物の性格、口調、特徴を知りたいのだ。会話はこれらの要素を伝える唯一かつ最高の手段である。長さと効果を考えて編集し、必要な分だけ使用する。

▶5. 基本的な編集

　ジャーナリズムでは、編集とはストーリーを改善する技術である。少なくとも、優れた部外の編集者は、間違いなくストーリーが素晴らしいものになるように助言できる。そうすれば、うまく書き方を改善できる。しかし、誰かにそうしてもらう前に、自分で編集しておこう。用語、言い回しを磨き、文章を練り直す習慣を身に着けよう。違うファイル名にして、最新のバージョンとして保存するようにする。たとえば、日付かバージョンナンバーを含めたファイル名にする。そうすれば、原稿を頻繁になくしたり、間違った場所に保管したりすることはない。

a. 編集の3つの基準

　編集作業では、文章がより理解しやすいように、そしてリズミカルになるようにする。以下の基準は文章の質を調べるのに役立つ。つまり、ストーリーを次の3つの基本的な基準に合わせるべきである。

・首尾一貫して理解しやすいか。

デティールの全ては組み合わされているか。証拠から生じた矛盾は全て解決されているか。
・全てそろっているか。
ストーリーで提起された全ての問いに答えられているか。引用した事実にふさわしい情報源か。
・スムーズに進展するか。
ストーリーがのんびりしたものになったり、来た道を引き返したりすると、読者を失う。

それらの基準に沿っているか調べる最良の方法は、ストーリーの中で、あなたが何を言っているのか、読者に分かりにくいところを探し、調べることだ。
書き方のわかりにくさの原因、そして応急措置は次の通りである。

・文章の一節が関係者だけが分かればいいというように、技術的専門用語やお役所言葉を使って書かれている。
それを専門的でないように平易な言葉で書き直す必要がある。
・文章が長すぎる。
長文は短く切って分ける。しかし、あまり文章が多いと長文と同じように緩慢になるので気をつける。
・パラグラフが長すぎる。
人物、場所、見解が変わるごとにパラグラフを変える。

b. いいストーリーは列車のようである
　それは力強く目的地に向かう。多くの乗客を乗せ、格別に素晴らしい光景を見せようとするときには、スローダウンするが、停車はしない。執筆し、編集するとき、ストーリーのリズムに集中するべきである。ある文節から次の文節に移るとき、読者にちゃんと分かるようにしなければならない。そうでないなら、ストーリーは機能しない。全体の構成は変えないこと。問題のある文節を突き止めて、削除するか、もっと効果的になるように付け加える。

c. 必要なときにかぎり書き直す

　ストーリーが完結し、一貫性があり、強いリズム感があるという確信がなければ、書き直さなければならない。一言二言変えるだけでなく、再構成し、組み直すことが必要である。機能している文節を見つけ、それは触らない。その代わり、ストーリーでうまくいっていないところに集中する。ほとんどの場合、機能しない文節はもっとコンパクトにする必要がある。最も強く伝えたい部分を選び、そのまわりを書き直し、構成し、他はほっておく。

d. 書き方に関する問題の95パーセントを解決する3つの方法がある

　カット、カット、さらにカットする。問題のある文節を編集する最も簡単で最上の方法はそれを削除することだ。3カ所以上、書き直しが必要ということは、多分、これ以上続けても時間の無駄だから、先に進むべきである。ヘミングウェイの小説『他がために鐘はなる』には60回以上書き直した箇所がある。それでも納得する出来ではなかったようだ。ヘミングウェイがうまくできなかったのなら、誰がやってもうまくいかないはずだ。それなら削除すべきだ。

e. 文章中で障害となっているものについて考える

　文章が通じないのは、伝えようとしていることをあなたが理解してないか、そうでなければ書くに値するほどでないか、のどちらかである。通常、それは後者である。どうしても重要で削れないというのであれば、時間をかけて、伝えたいのは何か、よく考えるべきだ。これがまさしく書くという作業であり、そうすることで、ストーリーに深みが出て、強さが増す。

f. 長さはどのくらいにすべきか

　米国の雑誌は、30年前は、7000ワードまでだった。いまは雑誌、新聞の記事は、調査報道でさえ2500ワードを超えるものはめったにない。

　同様にビデオ市場や映像の調査報道ジャーナリズムでも現在は短くなっている。この状況に対応した解決策の一つは、記事を発表するために掲載スペースの制限を受け入れることだ。短縮し、編集した記事のほうが元の記

事より影響力があり、読者に読まれ、視聴者にもいいこともある（たいていのメディアの記事はぜい肉が付き過ぎだ）。別の解決策は、単純にカットすることに対する代替案を提案することである。ジャーナリズムの歴史には、長いストーリーで影響力を高める発表や出版の戦略もある。それは、大衆とメディアの利益にもなるという。

［訳注：日本語の新聞記事の文字数と行数］
　英語の文章は、ワード単位で計算するので、日本語の新聞記事の文字数、行数とは一概に比較できない。
　共同通信の記者ハンドブックなどによると、1行の文字数は新聞社によって異なるが、11文字として各面トップ候補記事でも60行内、1テーク（段落）20行以内、企画や特集ものはよほどの例外を除いて100行以内に留意する。

・連載にする：シリーズとして書くか、編集する
　1本の長いストーリーの代わりに、いくつか短いものに分けて書く。この方法だと、メディアが発表しやすい。連載の一つひとつが相乗効果で読者や視聴者を引き付け、より容易に強く宣伝することができる。メディアは連載を一つにまとめて本として出版もできる。

・利益相乗効果戦略：ストーリーを異なったメディアに発表する
　新聞はスペースの制限でストーリーの短いバージョンしか掲載できない。しかし、ウェブサイトならもっと長いバージョンを載せることができる。違うバージョンの権利を確保しておいて、違うメディアに可能なかぎり多く発表できるようにしたほうがいい。

・ブランドづくり：定期的に発表して評判になるようにする
　どの程度のスペースが必要か。多くの素晴らしい調査報道ジャーナリズムの記事の中には、書き過ぎて量が膨らみ、長すぎるものもある。よくあることだが、当初の仮説が変わって、1本分のストーリーより多い材料が詰め込まれることがある。一つの大ヒット作品を出すのより、関連のストーリーを

定期的に出すことを考える。シリーズものより間隔をあけて、一般の読者や視聴者が問題と見解を忘れない程度に、間をおいて発表する。これはジャーナリストとしてのブランドを築く方法の一つであり、メディアのブランド構築にもなる。

▶6. 最後をどう締めくくるか

　物語芸術では、最後に観客に満足感を与える結末でなければならない。あいにくジャーナリストはそれを作る権利は持っていない。エンディング（結末）の代わりに、ストーリーの結びの文章を書かなればならない。違いは重要である。エンディングは物語の全ての謎を解決する。結びは叙述が止まる場所を示しているだけだ。

　最終的な解決策がないのに、ストーリーにそれを書いてはいけない。しかし、ありうる解決策を示す必要がある。それは長くなくていい。フランスのジャーナリスト、作家のアルベルト・ロンドレス（Albert Londres）のガイアナの流刑地の暴露記事は次の言葉で結ばれている。

　「私は終えた。政府は始めなければならない」。

　何をなすべきか、知っている人物に語らせてもいい。あなたが十分に調査して今やこのテーマに精通している専門家にふさわしいなら、自分の考えを述べてもいい。同様の問題を解決した人物や、現在解決の責任を担っている人たちを紹介することもできる。ストーリーに出てくる人物、情報源に締めの言葉を語らせる手もよく使われる。

　ストーリーの調査の際に、締めの文章に使える場面や重要な瞬間を意識しておくことだ。私たちの受賞作品「フランスの汚染血液スキャンダル」の例を紹介する。事件の調査中につかんだものだ。それは、情報源の見解、起こった場所の描写、当時のメモ（「犠牲者たちにはかつて自分の子どもがいた」）を取った時に頭に浮かんだ残忍で皮肉な考え、そして最後の怒りの判決を組み合わせたものだった。

　「医者たちは私たちよりもましなはずだ。たとえば、なぜこの医者は咎められないのだ。裁判の中で彼は、なぜ自発的に仕事を辞めて、あの時起こっ

ていたことを告発しなかったのかと聞かれて、『私には養育しなければならない子どもがいる』と言った。法廷の証言台に立つその医者の後ろは、かつて自分の子どもがいた人々で一杯だった。彼らの息子たちは亡くなった。このような男たちが、そして私たちが決してその名前を知ることのないほかの者たちが、あの子どもたちを裏切ったからだ」。

　あなた自身が語るか、あなたに代わって誰かが語るか、いずれにしても結びの言葉は真実でなければならない。多くの調査報道ジャーナリズムが最後の行で著者自身によって妨害される。なぜなら、著者が無意識に真実を語るのを恐れ、ストーリーが伝えようとすることを聞きたがらないからである。
　2つの最もよく見られるケースを繰り返し紹介する。
　次のように言っているのは、著者による破壊活動だ。
　「もしかすると、私たちが追及していた人物は結局、それほど悪人ではないかもしれない」。
　これは、相手を恐れての発言である。著者は追及している人物に許しを乞うているのだ（偉大な精神分析学者エーリッヒ・フロムが言っているように、ある人々はヒットラーを称賛した。それはそのような男に脅されていることを認めるより、称賛しているほうが屈辱的ではないと考えたからだ）。
　または、自信喪失から著者は、とても賢明で尊敬すべき人物の言葉を引用することがある。
　「人生は問題に満ちている。しかし、善意と高い社会水準が全てを解決してくれる」。
　残念ながら、著者はストーリーとはまるっきり別のことを言っている。
　あなたは、発見した真実を受け入れるべきである。それはあなたが考える以上に難しいことであり、それがあなたの仕事を素晴らしいものにする。ストーリーが最後に判断を下す権利をあなたに与えたなら、それをやり遂げるべし。慎重に、公平に、絶対に真実であるという範囲内で。しかし、あなたが真実であると証明したことを、決して否定してはならない。

［コントロール］

第7章

品質管理——テクニックと倫理

**ニルズ・ハンソン、マーク・リー・ハンター、
ピア・ソードセン、ドリュー・スリバン**

ここまでのプロセス：
1──テーマを見つける。
2──立証すべき仮説を立てる。
3──仮説を立証するための公開データを求める。
4──人的情報源を探す。
5──データを収集しつつ、整理する。そうすることで、
　　データを検証し、組み合わせてストーリーを作成し、
　　チェックしやすくすることができる。
6──データを構成に沿って並べ、ストーリーを作成する。
7──原稿の品質管理をして、ストーリーを正確なものにする。

取材をし、内容構成をして、記事を書きあげる。今度は、それを公開する前に、内容確認をする。この作業は品質管理を含み、専門的用語では、「事実確認」と呼ばれる。

7-1
事実確認とは何か

世界中でトップクラスの取材チームには、編集者や事実確認をする正社員がいる。その仕事は、調査報道が完璧に行なわれ、構成されているかを確かなものにすることである。以下の作業が含まれる。

- 第一に、書いた記事が事実であるかを確認する。ただ単に、個々の事実が正しいかどうかという意味ではなく、記事にちりばめられたエピソードが構成するストーリーの全体像が事実であるかを確かなものにする。その記事に対し、別の解釈が成り立ち、より説得力があるならば、書いた記事に間違いがあるということである。
- ストーリーで主張されている事実の情報源を確認する。
- 情報源を確認する過程で、間違いを見つけ、訂正する。
- ストーリーから感情的な要素をそぎ落とす。執筆者が疲れていたり、フラストレーションを感じていたり、不安に感じている場合、記事に根拠の無い、誹謗中傷が入ってくる可能性がある。

ストーリーを明確にして、正しくない部分を削除、あるいは変更し、語り口を理にかなったものにする。

「コロンビア・ジャーナリズム・レビュー（Columbia Journalism Review）」のトップファクトチェッカーであるアリエル・ハート（Ariel Hart）は、こう語っている。
「私がチェックした記事で5ページのものや2段落のものであろうと、間違いのない記事はなかった」「公正な立場で言うなら、誤りと見なされている箇所は、解釈の問題であり、通常、執筆者は変更に同意する。しかし、実際上、全てのストーリーには、客観的事実を述べる際、誤りが生じる。わずかに1年違っているとか、古いデータを使用しているとか、つづりの間違い、幅広く用いられている二次情報源からの引用で、間違っているものなどである。もちろんこれらの間違いには、執筆者の記憶違いなども含まれる。執筆者が、間違っていないので、校正しなくてもよいと言うとき、たいていは誤りがある」。

間違いは誰でもする。時として、それは伝え方だったり、執筆内容に間違いが含まれていたりする。賢い人間は、これらの問題を訂正する。一方、素人は、それに誰も気付かないことを祈る。もし誤りを認識し訂正しなければ、職業も変えたほうがよい。

所属部署の誰も、以前に執筆記事の事実確認をしたことがなく、特に自分の執筆記事の事実確認をされた経験がない場合、次の手順を踏む。

- 執筆者、その記事をチェックする人間、少なくとも2人必要である。どちらも、記事のコピーを持つこと。
- ストーリーを全部読み、全体像をつかむ。それは偏っているか、公平か。何か欠けている感じがするか。異なった解釈は可能か。
- それから、記事の事実を逐一、1行ずつチェックする。チェックする者は、編集者、同僚、法律家、有能な友人であれ、記事中の全ての事実について尋ねる。「どのようにして、それを知ったのか」
- 執筆者は、情報源を提示する。それが文書ならば、執筆者、ファクトチェッカーともに記事中の引用が正しいか、確認する。情報源が、インタビューをもとにしているならば、ノートを見るか、録音などを聴いて確認する。

- 情報源が無いならば、執筆者は探さないといけない。見つからないならば、その文は削除する。
- 事実確認を行なう者は、特に、調査取材の対象者の動機、目的、考えなどをどのように執筆者が解釈しているのかを見る。一般的に、このようなものは、削除すべきである。しかし、それを実証するもの、たとえば、対象者の心理状態を記録している手紙、文章などがあるなら、それを加えてもよい。

このように、このプロセスは複雑ではない。退屈なように思えるが、このプロセスを経てストーリーは真実味を増し、そのインパクトは明白になる。この事実確認の作業をしておくと、いわれのない根拠で記事の内容を訴えられても、動じる必要はない。

7-2 倫理チェック

▶相手を侮辱してはいけない

心ない敵意、攻撃性のある記事を書いてはいけない。そのような不必要なことが書かれた記事により、ジャーナリストが法的危険にさらされる可能性が高まる。調査対象を怒らせ、侮辱すると、相手が暴力に訴える可能性がある。もちろん、ジャーナリストが対象者をからかい、侮辱することもある。社説でそうすることもある。社説は結局のところ、意見なのであり、意見をいう権利は全ての人々にある。しかし、調査報道の暴露と意見が相まってとんでもない残忍な影響を与えてしまう。

記者は、この影響力を乱用しないように細心の注意を払わないといけない。調査報道の結果、誰かが起訴されることになれば、それ以上個人攻撃を加える必要はないのである。

たいていの場合、記者は疲労がたまっていたり、恐れていたりすると、無礼になる傾向がある。疲労は無用な争いを招き、ストレスに起因するエコノ

ミークラス症候群になることがあり、調査対象や自分自身に対して攻撃的になる可能性がある。このようなことが自分に起こるわけがないと侮ってはいけない。それは誰にでも起こりうることであり、この危険に気を付けないといけない。自分が書くものを正確に把握しないといけない。

▶調査対象者に返答する権利を与える

　調査対象者に、提示した証拠に返答する権利を与えないで、記事中で攻撃することはしてはいけない。不合理な回答を得たら、それを引用する。コメントを拒否されたら、読者や視聴者に、そのことは非難されるべきでないとしたうえで、そのまま報道する。誰もジャーナリストに返答する必要はないのである。拒否の姿勢は罪ではない（ジャーナリストにしゃべりたがっている人がいたとしても、その人が根本的に誠実で良い人間であるとはかぎらない）。

　敵意を持った情報源や調査対象者によって、あなたが危険にさらされることがないならば、早い段階で頻繁に彼らと連絡をとるべきである。

　こうすることがとても重要なのは、これはよくあることだが、調査対象者の見解を聞いて、仮説が突然、完全に間違っていそうだと思うからだ。私たちにもそのようなことがあった。その結果、時として数週間、数カ月の仕事が無駄になった。。

▶情報源に配慮する手続き

　スウェーデンの「SVTテレビ」の調査報道班長ニルズ・ハンソン（Nils Hanson）は、部下の記者に次の手順を踏んで批判が正当化されるかどうかを確かめるようにしている。

・第一に、ストーリーを再チェックし、対象人物、組織、会社などの批判部分全てに印を付ける。
・批判されている側に、その批判の内容についてきちんと知らせる。逮捕されたり、殺されたりするといった理由が無いかぎり、それはしなければならない作業である。
・批判されている側が、全ての批判に返答したのかを確かめ、そうでないな

らば、疑ってかかる。疑問が生じた部分の資料は早めに入手する。
・調査対象から返答などを得る経緯を文書化したかを確認する。取材が進むにつれ、このような経緯を文書化してまとめておく。
・批判されている側は、きちんと返答する時間を与えられたか。質問が複雑であればあるほど、彼らの返事を辛抱強く待つべきだ。
・批判に返答しているのは、答えるべき人間か。驚くことに多くのケースで記者は連絡をたまたま受けた事情を知らない秘書などとしゃべることで満足する場合がある。
・批判されている側は、弁護の機会を与えられたか。そうでないならば、彼らの権利を踏みにじっていることになる。重要なことは、そうすることでストーリーにとって重要な部分を見逃すことになりかねない。
・調査対象の相手から証言が記事にされる前に知らせてほしいとの要求を満たしたのか。記事中に引用される、自分の証言についてたずねることは正当性がある。調査対象者に、証言が正確かどうかをチェックさせるのは正しい(引用の否定、情報の削除などの要求は受け入れられない)。記事全部を調査対象者に見せてはいけない。とてもまれなケースだが、ストーリー自体が調査対象者を中心に扱っている場合や、テーマが技術的に複雑であり、調査対象者が自身が提供した情報をジャーナリストが正確に理解しているかどうかを懸念している場合は例外である(科学的なテーマを扱っている場合などがこれに当てはまる)。

▶危険な情報源への対応

東欧の組織犯罪報道で素晴らしい活躍をした、ドリュー・スリバン(Drew Sullivan)は、構成員としゃべる際の手順をリスト化してまとめた。敵対している調査対象に話を聞くのと同様に組織犯罪の構成員への取材は重要である。

・公共の場所、電話越しで取材する。
・近親者の職業、所在地などの個人情報を提供しない。
・プロとして振る舞うこと。知り合いのような態度、お世辞、ユーモアを見せる、強気な態度を取ったりするなど、個人的に入れ込まないこと。恐怖

を見せてもいけない。
- 記事を掲載した後、彼らがコメントをするための連絡手段を与える（決して個人情報を与えないこと）。
- サポート体制を整える。会談を見守るもう一人のジャーナリストを同席させる。トラブルに巻き込まれたとき、すぐに電話連絡できる番号を与える。

　最も重要なことは、恐怖を見せないこと。恐怖を見せると、調査対象者にジャーナリストが自分のやっていることを理解しておらず、自信がないという印象を与えるか、危険だと思われる。おびえている人間や動物は逃げるかもしれないし、攻撃するかもしれないので、予測不能だと見なされる。危険な調査対象者に恐怖を感じるのは当然である。その恐怖を克服するため、その感覚を客観視して、それから距離を置くことである。

▶透明性のあるアプローチ

　スリバン氏の方法論と似ているが、ピュリツァー賞受賞者のデボラ・ネルソン（Deborah Nelson）が提唱している方法は、もっと透明性があり、先を見越したものである。彼女は取材のあらゆる段階で、調査対象者に自分のしていること、発見したことについて話す。その代わり、発見したことに関してコメントを求める。彼女はこの方法を使い、破滅のキャリアをたどった警察官の記事を書いた。取材の全段階で調査対象者に連絡を取った。ストーリーの掲載前に、この警察官に最終稿を読んでみせると、彼は「それは素晴らしい記事だ。そのように私は感じていた」と語った。

　このマニュアルの読者は、犯罪者は言うまでもなく、自身の国の権力者たちに対して正攻法で正直に向き合うことは不可能であると反論するかもしれない。「情報源は、自分の言ったことを否定する可能性もあるのに、どうやって掲載前にコメントを確かめるために連絡できるのか。また記事が公表される前にもみ消してしまうかもしれない」このような反応はジャーナリストにとって当然である。しかし、ジャーナリストは自分で気付いている以上に、そのような状況下でより大きい影響力を持っている。特に透明性の高いアプローチを明示して臨めば、多くの調査対象者を納得させることができる。同

様に勇気を持って取材に臨めば、相手にも恐怖を悟られにくい。

　どのような方法をとるにしても、自分の取材方法は正しいものだと、考え抜いた末、自信を持って臨む。調査対象者は、ジャーナリストが確信を持って取材しているのかどうかに気付くものである。

7-3 事実確認のためにマスターファイルを使う

> 第5章で、マスターファイルの作成法、異なった観点から調査報道についてのデータのファイル作成について書いた。それはデータ整理、記録保管に役立ち、法律家やファクトチェッカーにとっても有用である。

　マスターファイルを適切に整理すると、ストーリー中にある全ての事実に関する情報源を確認できる。ストーリー中に情報源を全て含める必要はないが、慎重なテーマを扱っている場合は、その必要も出てくる。誤りをチェックしやすい順序でデータ作成をしなければならない。

　手順をきちんとすると、マスターファイル上で、どこに情報源があるか分かる。ファイル内に保管されている事実データの情報源に容易に気付くからだ。使用する文書全ての新しいコピーをとり、使用する順序でまとめて保管する。これはファクトチェッカーにも、ジャーナリストにとっても重要な事である。記事では使用しない文書もあるため、こうすることでマスターファイルを全て検索するよりも早くデータを見つけることができる。

　このプロセスをこなす最も簡単な方法は、リスト化した情報源を含む脚注を記載しているバージョンの記事も作成しておく。この作業はちょっと時間がかかるが、結果的に時間の節約になり、ストレスもたまらない。この作業をしておくと、調査対象者に反論する際に役に立つ。

　このテクニックを使用する際、マスターファイルから情報源の詳細情報をただ単に脚注へコピーアンドペーストしてはいけない。少し時間をかけ、反

論を想定したうえで情報を引用する。意訳、要約、不正確な引用はしないように気を付ける。記事のささいな間違いで抗議され、あなたはいい加減な仕事をしているという印象を与えてしまう。

脚注や記録を容易にするコツがある。情報源がオンライン上にあるなら、脚注にURLを打ち込む(記事が掲載される前に、証拠として必要になるかもしれないので、オンライン上のページをダウンロードしておくことを勧める。ウェブサイトを変更することはとても容易で、それをされると、証拠を失うことになる。インターナショナル・ヘラルド・トリビューン(International Herald Tribune)は、記事が掲載される前に賢明にも、調査対象に関するウェブサイトを全てダウンロードしておいた。その記事が掲載された当日、ウェブサイトは削除された)。また、文書をウェブページにアップロードし、リンクをファクトチェッカーに送るか、CDに焼いておくのもよい。

電子メディアを使用する際には、セキュリティーに気を付ける。あるジャーナリストが多国籍企業についての素晴らしい記事を作成中に、オンライン上の共有サイトに関連文書を保管していた。彼の部下がほかのグループもこの共有サイトに参加させたため、保管されていた文書は盗まれてしまった。このようなことが起こらないようにしないといけない。

7-4
事実確認の予測可能な心理的影響

> **事**実確認の過程は、関係者みんなに影響する。問題はどのような影響か、ということである。その効果は矛盾することもあるが、勝手に消えはしない。

第一に、主張を立証するためにデータに目を通す作業は、そのデータを収集したときの感情を呼び起こす。そのときに怒っていたり、おびえていたり、鬱(うつ)になっていたりすると、その感情を思い出すことになる。調査対象がかわ

いそうに思えることもある。特別な感情の裏にあるのは、大体において恐れである。

　このような感情は記録しておく。報道のプロセスで感情を書き起こしておくと、その後、記事中で使うこともできる。調査報道を行なう過程で何かを間違えていたかもしれないと、感じざるをえないときがくる。この本能的な不安の理由はさまざまだが、全てが正しいとは限らない。

　実際、内容の間違いを犯してしまった可能性もある。ここでの最良の解決法は、この点についてストーリーを検証することであるが、真実を発見してしまった可能性もある。しかし、その真実をとても不快に思うか、恐れてしまい、信じたくなくなってしまうときもある（アンヌマリー・カスターレットがフランス政府の上級職員がエイズに汚染された血清品を販売していることに気付いたとき、彼女は少しの間、自分は狂っているのかと思ったという）。

　最良の解決法は、収集したデータにもう一度目を通すことである。データから世界が、自分が想像していていたよりも悲しく、醜い場所であるならば、その調査記事によって変えることができる可能性がある。

　間違いを犯したら、できるだけ早く、間違いを認めることである。理想的には、どうしてそれが起きてしまったかを把握したときに間違いを認めることだ。そうすることで、ほかの間違いを見つけるのに役に立つ。

　推測でストーリーをつなげようとするのは自然なことで、そのため、多くの間違いが起こる（コロンボの得意なテクニックの一つが、容疑者にそうするように仕向けることだ）。取材をまとめるとき、頭の中でそのようにしようとするのは、非常に起こりうることであり、自分自身に「実際何が起こったか分からない。しかしこれが事実に違いない」と思い込むことで起きる。しかし、現実は、推測していたことよりも、興味深いことが多い。読者にはこれは推測で、あなたがまだ把握できていないということを伝える。何も知らないならば、それを知らないと言明することにより、誤解を招かないですむ。そして、すでに知っていることに対しては信ぴょう性を増すことができる。

　最後に、執筆者とファクトチェッカーは、お互いに不満を感じる場合がある。責任感を持って重圧のもと仕事をしているので、いつも素晴らしい人間関係を維持しておけるわけではない。互いに不満を感じている場合、原因と

解決法を真剣に模索しないといけない。

　執筆者は、自分の発見した事実や解釈に対するファクトチェッカーの挑戦を裏切り行為だと感じるか、自分の記事の初めての読者や視聴者であるファクトチェッカーがストーリーを理解できないか、信じるのを拒否していると思う場合がある。あるいは、執筆者は書いた記事にこだわっているため、全ての部分が自身の血肉になっていると感じる。こういった思い入れは、発見され、指摘されてしまう。ファクトチェッカーは、記者がずさんな仕事や感情に突き動かされて、仕事を改善したがらないと心配になる場合もある。このような葛藤は不可避であるが、可能なかぎりストーリーを最高のものに仕上げようとしないなら、事態は非常に悪くなる。どちらかがエゴ、恐怖、個人的な恨みからお互いを信用できないならば、一緒に働くべきではない。

　それ故に、取材の開始時に、記者は誰が事実確認をするのか、共同作業はどうなるのかを知っておくべきだ。この関係を最後まで曖昧にしてはいけない。それを誤ると、取材自体が無駄になりかねないのだ。

［発表］

第8章

それを発表せよ

マーク・リー・ハンター

ここまでのプロセス：
1―テーマを見つける。
2―立証すべき仮説を立てる。
3―仮説を立証するための公開データを求める。
4―人的情報源を探す。
5―データを収集しつつ、整理する。そうすることで、
　　データを検証し、組み合わせてストーリーを作成し、
　　チェックしやすくすることができる。
6―データを構成に沿って並べ、ストーリーを作成する。
7―原稿の品質管理をして、ストーリーを正確なものにする。
8―ストーリーを発表し、宣伝し、弁護する。

重要なストーリーを定義し、裏付けるために、かなりの時間とエネルギーをこれまで使った。さて、これからはできるかぎり大々的に宣伝して発表しないといけない。どうしてか。いつまでも続くべきでないことが終わり、変わるように。発表した自分の作品を守らないといけないかもしれない（裁判になったとき、いかに自分の作品を弁護するかについてはすでにふれた）。弁護するか、しないかにかかわらず、どちらにしても作品を宣伝しなければならない。

　どうしてか。集団や世間から浮いているリポーターはいつも負けてしまう。そうでなくても無視され、役に立たない。最悪の場合、罰される可能性もある。

　いかに調査報道ジャーナリズムを成し遂げるかを書いている最高の著作『ジャーナリズム・オブ・アウトレイジ』(The Journalism of Outrage)のような研究は、調査プロジェクトを成功させるには連携と同盟が重要であると力説している。

　それに調査報道には、通常の報道より時間、お金、エネルギーが投資されている。投資に見合う利益が得られるようにしなければとても割に合わない。少なくとも、メディアはその調査報道で名声と称賛を受け、さらに知名度が高まって当然である。豊富な情報、インディペンデント・コンテンツを提供するメディアのほうがそうでないメディアよりも利益を得られる。読者や視聴者が情報の価値を理解しているか確かめるべきである。

　次に調査報道の発表、弁護、宣伝に進む。

8-1 発表

　ストーリーがちゃんと編集されているかを確かめる。経験不足のコピー・エディター（原稿整理編集者）がストーリーを駄目にする可能性もある。ストーリーで重要な部分については闘う覚悟を持ち、重要でない部分では譲歩する。

▶図解や写真をうまく使う

図や写真がなく、また下手だと理解するのが難しく、読者を引き付けることができない。

▶見出しは適切か

見出しを編集者まかせにして、せっかくの作品が間違って伝わったり、ストーリーにないことを売り込まれたりしてはいけない。ストーリーが最高に目立つように配置されるように努力をする。

8-2 防衛策、世論の支持を得る

公表するとき親しい情報源に知らせる。彼らがコピーを受け取り、また彼らの友人にみせることができるようにリンク先を知らせるようにする。この問題に関係する国会議員やほかの政治家にもそのような対応を取る。

公表する直前に（競合相手にストーリーを盗まれないように、直前にという意味）、メディアや非政府組織（NGO）の仲間がストーリーと、それに引用されている主な文書を受け取れるようにする。急な連絡では、彼らはそれらの文書を入手できないし、他のジャーナリストが発見したものを裏付けなしに引用するのをためらうだろう。

公の場所（他のメディア、大学、市民団体等、その他）でストーリーのテーマについて討論できるようにする。

敵対者の反撃にも備えるべきだ。彼らはこれまでの正式回答を繰り返して反撃するはずだ。それを打破する新しいストーリーを用意しておいたらいい。この手法は、アンヌマリー・カスターレット（Anne-Marie Casteret）が汚染血液問題で使って大成功した。

8-3 宣伝

> **数**行でストーリーの結論をまとめたニュースリリースを用意する。ストーリーを公表する際に広範囲に配布する。

　競争相手でないメディア、海外、または別のメディア（ラジオ局にいるなら、活字媒体、逆もまたしかり）と共同で発表することも検討する。公表した後、インターネットのフォーラムやストーリーに関心を寄せている市民グループにも知らせる。

8-4 結びに

> **発**表する媒体の大小にかかわらず、ストーリーの重要な関係者には知らせるようにする。たとえ公表されたストーリーが大して反響がなかったとしても、彼らにとって、自分たちのことについて関心を持ってくれる人たちがいるのは、心強い。自分がやり遂げた仕事の反応をじっくり楽しむこともいい。批判も聞いて、仕事に役立てよう。あなたをスターのように扱う人たちもでてくるが、それも結構なことだ。そうでない人の意見にも耳を傾けよう。違う調査をする必要があるなら、そうしてみる。他の分野、部門で仕事がしたくなるかもしれない。また、すぐに何か調べたくなる。調査報道を成し遂げるごとに力がついてくる。どこでも、習得したこの手法を活用すれば、成功する。私たちもずっとやってきたのでそれを知っている。
>
> 　ようこそ、そしてがんばって。

厳選した参考文献

調査報道ジャーナリズムに興味があるなら、勉強し続けことである。このページに掲載してあるのは、ほんの手始めである。ほとんどが英語で執筆されたものだ。時間をかけて、役立つ知識を手に入れ、この分野で起きていることに注目し続けることである。

[書籍]

- 「The New Muckrakers」LEONARD DOWNIE, JR. 著、New Republic Books出版。1976年刊。ワシントンポストの主要な記者が、ウォーターゲート事件の後に書いた本。この本は、重要な事件における精神と主要人物をとらえている。
- 「Computer-assisted reporting: A Practical Guide」BRANT HOUSTON著、St. Martin's Press出版。1996年刊。調査報道ジャーナリズムにおけるデータ使用の最良のマニュアル。
- 「The Investigative Reporter's Handbook: A Guide to Documents, Databases and Techniques」BRANT HOUSTON, LEN BRUZZESE, STEVE WEINBERG著。Bedford/St. Martin's出版。第4版、2002年刊。「Investigative Reporters and Editors manual」の最新版。多くの最新の技術が入った調査報道ジャーナリズムに関する最良のガイド本。
- 「Le Journalisme d'investigation en France et aux Etats-Unis」MARK HUNTER著。Presses universitaires de France, coll; Que sais-je出版。1997年刊。この本は、2つの異なった観点から調査報道ジャーナリズムの進化を比較し、画期的な報道事例の細かい分析もしている。フランス語。
- 「Investigative Journalism」GAVIN MCFADYEN著。第2版。T&F Books出版。2009年刊。London Centre for Investigative Journalismの創設者でベテランテレビジャーナリストによるマニュアル。
- 「The Journalism of Outrage: Investigative Reporting and Agenda-Building in America」DAVID L. PROTESS, FAY LOMAX COOK, JACK C. DOPPELT, AND JAMES S. ETTEMA著。New York: The Guilford Press出版。1991年刊。この本はどのようにして調査報道ジャーナリズムが結果を出せるかを米国のみならず世界的に通用する視点で書かれた最良の書。学術書としても正確で、ジャーナリズムの深い考察を行なっている。
- 「Follow the Money: *A Digital Guide for Tracking Corruption*」PAUL CRISTIAN RADU著。International Center for Journalists Romanian Centre for Investigative Journalism出版。2008年刊。「http://www.icfj.org/Resources/FollowtheMoney/tabid/1170/Default.aspx.」から無料ダウンロード可。この画期的なマニュアルは、数多くの国の会社情報についての情報をどこで入手できるか、その調査テクニックについて書かれている。
- 「ニュー・ジャーナリズム(The New Journalism)」トム・ウルフ(TOM WOLFE)著。London: Pan出版。1975年刊。古典的な記事のアンソロジーで取材におけるジャーナリストと情報源の関係について書いている。また書き方がどのようなインパクトを読み手に与えるかについても述べている。調査報道ジャーナリズムについての本ではないが、ジャーナリズムを志し、実践するものにとって必須の書。

［ウェブサイト］

- http://www.arij.net
 国際的なメディアのサポートを受けて、「*Arab Reporters for Investigative Journalism*（*ARIJ*）」が開始したとき、何もできないのではないかと懸念があったが、このウェブサイトにおさめられている記事などはその懸念を払拭するものである。その地域の調査報道ジャーナリズムにおける主要な組織で国際的にも活躍している。
- http://gijn.org/member/bosnia-center-for-investigative-reporting-cin/
 ドリュー・スリバン氏が立ち上げた、ボスニア・ヘルツェゴビナにおける調査報道ジャーナリズムセンターのサイト。「Crime and Corruption Reporting Program」を発足させ、その分野のモデルとなっている。
- http://www.crji.org
 「*Romanian Centre for Investigative Journalism*」は、野心があり、スマートな若いジャーナリストグループの大変な状況下での活動を記し、注目に値する。
- https://www.revealnews.org/
 カリフォルニアのオークランドを拠点に、ウォーターゲート事件の直後に台頭してきた最も優れた独立報道機関の一つで、画期的な報道をしてきた歴史を持つ。
- http://www.fairreporters.org
 「*Forum for African Investigative Reporters*」のウェブサイト。アフリカ大陸に向けた取材情報、サポートサービスなどを提供。
- http://gijn.org/
 50カ国の調査ジャーナリストの統括組織「世界調査報道ジャーナリズムネットワーク（*GIJN*、*Global Investigative Journalism Network*）」のウェブサイト。同団体による年2回の会議は重要である。サイトは現在、改定され、過去の会議からの無料情報、プレゼンテーションが閲覧できる。「Global-L」メーリングリストに出資し、メーリングリストに参加する価値はある。
- http://www.ire.org
 この分野における最初で世界最大の非営利組織「調査報道記者編集者協会（*Investigative Reporters and Editors Inc.*）」のウェブサイト。何千ものテーマに関する情報、記事を保管している。会員料金で素晴らしいインストラクターの教えを受けられる。
- http://markleehunter.free.fr
 このマニュアルでも紹介された記事や本からの引用と方法などが掲載されている。
- http://www.publicintegrity.org
 この分野における最古で最も影響力のある調査報道ジャーナリズム機関の一つである非営利組織「公共の高潔さのためのセンター（Center for Public Integrity）」のウェブサイト。その世界的な報道は、調査報道ジャーナリズムのスタンダードとなっている。「国際調査報道ジャーナリスト連合（*ICIJ*、*International Consortium of Investigative Journalists*）」を発足させ、運営している。
- http://www.i-scoop.org
 デンマークの組織「SCOOP」は、ヨーロッパ（特に東欧）における調査報道ジャーナリズムのトレーニングおよびプロジェクトをサポートしている。高いレベルで調査報道ジャーナリズムを行なってきた人々が運営している。

訳者あとがき

高嶺朝一

▶コロンブスの卵

　本書は、Mark Lee Hunter. Story-Based Inquiry: A manual for investigative journalists. UNESCO. 2011. の全訳である。

　早稲田大学ジャーナリズム研究所の花田達朗所長から、このマニュアルの翻訳依頼があったときに、引き受けるのをためらった。この仕事には、英語に熟達し、ジャーナリズムに精通した研究者がふさわしいと思ったからだ。花田さんは、どうしても新聞の現場を知っているジャーナリストに訳してほしいということだった。

　私は、地方紙の記者、編集者、経営者として新聞に半世紀近くどっぷりつかってきた。国内外の同業者と交流があり、新聞の内情は多少は知っているつもりだが、新聞社を退いて6年余になるので、さすがにジャーナリストを志している人たちやメディアの現場で働いている人たちが読むマニュアルの翻訳となると気が重い。

　とりあえず読んでみた。読み終えて、正直、驚いた。これはコロンブスの卵である。

　このマニュアルに書かれている調査報道の手法や事例などは、部分的に、体験的には、新聞を含めさまざまな媒体で活動しているジャーナリストや編集者は知っていることかもしれない。

　しかし、これほど体系的に理論的にまとまったマニュアルには、私はこれまで出合ったことがない。手法も発想も斬新である。

　新聞記者にとって必携の新聞社や通信社発行の『記者ハンドブック』や『ワシントン・ポスト記者ハンドブック』(The Washington Post Deskbook on Style)などとは、まったく違う。

　このマニュアルには、ジャーナリストを志す若者たち、いま新聞、テレビ、ラジオ、雑誌、既存のメディアやインターネット・メディア働いている人たち、インディペンデントのジャーナリスト、そして社会を良い方向に変革したい

と思っている市民メディアのジャーナリストや編集者にとって必要な技術と精神が詰まっている。

マーク・リー・ハンター氏らは、2009年にユネスコの協力を得て「調査報道ジャーナリズムマニュアル」というタイトルで、初めてアラブ国家の調査報道ジャーナリストに向けてこのマニュアルを発刊した。それ以来、多くの国々、地域のジャーナリストに読まれている。

ユネスコ情報・コミュニケーション局のヤニス・カークリンチ副事務局長は前書きで、「調査報道ジャーナリズムが意味することは、混乱に満ちた大量の情報および状況を背景に、権力者が意図的に隠した問題や、偶然にも埋もれてしまった問題を世に明らかにすることである」「そうすることで、調査報道ジャーナリズムは、表現の自由と情報公開に極めて重要な貢献をすることができる。それは、ユネスコの使命の本分である。メディアが監視機関（watchdog）として担う役割は、民主主義にとって不可欠であり、そのためユネスコは、世界中の調査報道ジャーナリズムを強化する取り組みを最大限に支援する」と書いている。

マニュアルの著者らは、調査報道の役割は世界をより良い場所に改善していくことである、と明確に定義づけている。

このマニュアルには、その方法、事例、チップス（tips、ヒント、秘訣）が紹介されている。

マニュアルは「第1章　調査報道の手法を用いたジャーナリズムとは何か」「第2章　仮説の使用――調査方法の核心部分」「第3章　公開情報を使う――背景についての知識獲得と推論」「第4章　人的な情報源を使う」「第5章　整理――成功のための条件づくり」「第6章　調査結果を書く」「第7章　品質管理――テクニックと倫理」「第8章　それを発表せよ」で構成されている。

マニュアルの根幹をなすのは、「仮説」の利用と事実を探し出し、仮説を検証し、真実を明らかにする「ストーリー」の役割である。この点が、このマニュアルを革新的にしている。

この二つの要素を適正に応用することによりジャーナリストや編集者は質の高い記事を書き、発表することができる。そして彼らは、事前に調査報道

の成果の見通しを知ることができる。

　つまり、どの程度の記事になるか、記事にならないか、見通しが付く。記事になるとすれば、人件費を含む投資や取材着手から発表までの日数などある程度把握することができ、投資効率を高めることができる。

　記事になる可能性が少ないなら無駄な投資をしなくてすむ。

　調査報道は、日数、費用と労力も普通のニュース報道よりかかるので、成果の見通しを立てることは不可欠である。

　仮説の設定で作業工程の見通しと手順が明確になることは、記者や編集者にとって法律的なリスクを回避し、さらに倫理的な過ちを犯さないためのチェックリストをつくることにも役立つ。

▶仮説　問いと検証

　マニュアルの著者たちは、「私たちは、仮説に基づいた調査法を発明した、と主張するつもりはない。似たような方法は、ビジネスコンサルティング、社会学、犯罪捜査でも用いられてきた」と述べ、ジャーナリズムの世界に意識的にこの方法が導入されたのは最近であると指摘している。

　特に新聞は、伝統的に組織や個人の経験、技術、勘に頼ってきた。良くも悪くも日本の新聞業界には徒弟制度が残っている。

　私のいた新聞でも、経験的に調査報道で似たような方法をとってはいる。しかし、取材の提案、成果の見通し、調査、記事発表、宣伝など全工程にいたるまで、この方法を意識的に用いている既存のメディアはまだ少ないのではないか、と思う。

　マニュアルによると、調査報道の取材は、ストーリーの原型である数行の仮説を立てることから始まる。公開情報、情報源との面談やさらに調査を重ね、事実を発掘し、仮説を検証する。収集された事実が仮説を裏付けるならば、記事になり、発表される。

　発見された事実が仮説を否定すれば、記事にはならない。

　最初の仮説の想定とは違う事実が出てきて新たな仮説が必要になり、さらに大きなストーリーになる場合もある。

　仮説使用の応用実例は豊富で、説明も丁寧で分かりやすい。ここで紹介

されているのは欧米の事件なので、日本の読者には馴染みが薄いかもしれない。事例に先入観を持っていないので、かえって新鮮に感じられる。

未熟児出産で障害を持って生まれた子どもたちの増加につながった米国の「ベビー・ドゥー法（The Baby Doe）」の調査報道などは衝撃的である。

公式声明や提供情報を仮説として利用、検証する方法も紹介されている。簡単なテクニックで素晴らしい結果が期待できる。ここでは政権を揺るがすスクープにつながった「フランスの汚染血液スキャンダル」の例が紹介されている。

「ほとんどの調査報道ジャーナリズムは、ある誓約が実際に守られているかどうかを検証する作業である。したがって、公式の約束は、多くの場合、仮説として機能し、検証によって約束は守られているかどうかを明らかにすることができる」。

これは、私たちの身近な生活、政治、経済、社会的なテーマの取材でも使えそうだ。

▶地獄のジャーナリスト

仮説の利用は、合理的で有益ではあるが、乱用される危険性も指摘されている。

「証拠もないのに、何が何でも自分の仮説の正しさを押し通そうとすれば、世界的な詐欺師の仲間入りすることになる」「仮説に基づく調査は、多くの真実を掘りだすことができるツールだが、誤って使えば、それは無実の人たちを埋葬する墓を掘ることにもなる」「地獄にもジャーナリストが大勢いて、仮説を悪用することは、そこにたどり着く片道切符である。仮説を使用するにあたっては、正直であるべきだ」と著者らは警告している。

地獄のジャーナリストは、日本のメディアでもよくみられる。彼らは仮説というより、最初に結論ありきの見込み報道を得意にしている。それは、ジャーナリズムの信頼を失墜させている大きな要因の一つにもなっている。

▶ストーリーの役割

「事実をもって語らしめよ」（Let the Facts Speak for Themselves）という言葉は、ジ

ャーナリズムに限らず、文学、科学、政治、経済などさまざまな分野で使われている。ジャーナリズムでも、事実を発見し、その情報を正確に伝えることは最優先されなければならない。

そのうえで、著者らは「事実はストーリーを語らない。ストーリーが事実を語るのだ」とストーリーテリングの重要性を強調している。「私たちはストーリーを接着剤として使う」という。

ストーリー、つまり事実が意味をなすように「語り」は、仮説の設定、事実の調査、発見、検証、執筆、発表まで決定的な役割を担う。作品の出来栄えを左右する。したがって、マニュアルのかなりの部分がストーリーの役割、手法についての説明に割かれている。

マニュアルは、語りの方法を自分で編み出すより先人から借用すべきであると勧めている。

「過去の才能ある人物たちも他の人の技術と材料をお手本にしている。たとえば、シェークスピアは他の劇作家や歴史家からプロットを借用した」「先人と同じやり方をしてもいい」。

ここでは古代ギリシャ・ローマ時代の歴史、文学からヨーロッパ、イギリス文学につながる叙述法が現代のジャーナリズム作品に生かされる。

時間順でストーリーは記述され、事件はそれぞれの連続した動きで変わる年代順の構造か、人物が登場する場所の順で描かれるピカレスク小説構造を主要な方法として提唱している。

日本は、「源氏物語」をはじめとする物語作品が豊富にあるので、調査報道のストーリーテリングのモデルとして使えるのがあるかもしれない。

「公開情報」と「人的な情報源」の各章では、実践的で詳細なノウハウが紹介されている。これらの情報は、事実を探り出し、仮説を検証し、ストーリーとして成立するか、記事になるかどうか、決定づける。

公開情報の大切さについて、次のように書いている。

「秘密と呼ばれているもののほとんどが、単に見落としているだけである場合が多い」「このような事実のほとんど、およそ9割が、公開情報を精読することで入手可能である」。

ここでは、パリ市役所の報道担当のジャーナリストが市の図書館の資料を

使って市の不正をスクープした例を紹介している。
　どのような公開情報があるか、どのようにすれば入手できるかを書いている。「現代社会では、公開情報は、事実上、無限にある」。
　「人的な情報源」では、事件の被害者、加害者、犯罪組織関係者、政府高官、著名な学者、芸能人などさまざまな情報源との接触、インタビューの方法や心理作戦も含めて詳細な事例と技術が紹介されている。

▶調査報道の材料はどこにあるか

　素材はどこにでも転がっているという。自身の周りの変化していることに注目すべきだ、とマニュアルは強調している。
　ベルギーのジャーナリストは、仕事の途中で遭遇するベルギー人の売春婦が、外国人に取って代わられているのに気付き、取材を始め、国際的な人身売買の実態を明らかにした。
　人々の不満を丁寧に聞く。村の市場、インターネットのフォーラム、夕食パーティーなど人々が集まる場所はどこでも、変わったこと、ショッキングなこと、興味深いことを聞ける。
　「不正行為に関連した物事のみを追及することはやめた方がよい」とも指摘している。
　「新しい才能、目標を達成した開発計画、富と雇用をつくり出す会社を理解することは、難しい作業である。成功事例や最優良事例が、再現できることを見つけ出し、読者に伝えることは、非常に重要である」と強調している。
　「今、自分がいる場所で起こっている出来事を報道することで、そのスキルを練り上げるべきである。いちかばちかの調査報道に巻き込まれるのを待って、何をすべきかを学ぶことはやめるべきだ」。
　これらの指摘は、私の新聞記者としての経験からも、重要だと思う。意欲があっても、チャンスが到来したときに、基本的なスキルが備わっていないと手も足も出ない。日常の仕事や暮らしの中で観察眼を養うことが重要だ。
　私たちも先輩から雑報記事の大切さを教えられたものだ。漫然とではなく、丁寧に1日数本の雑報記事を書くことによってスキルは磨かれる。この世界に生きるには、アスリートと同じように日々の鍛錬が必要だ。

発表の場がどのようなメディアか、組織に属しているか、独立して活動しているか、どのような立場にいるかにかかわらず、ジャーナリストは肉体的にも精神的にもハードである。素晴らしい才能を発揮し、将来を嘱望されていながら辞めていく人たちが少なくない。
　このマニュアルには、ジャーナリストが陥りやすい精神的な現象と危機回避の方法も書かれている。

▶新聞は現代の恐竜か

　「活字媒体のジャーナリストは、活字ジャーナリズムが死んだということを受けいれるようになった。恐竜も滅びた」。
　これは米国のあるジャーナリストがブログに投稿した文章から引用した。活字メディアの衰退を嘆き、恐竜の運命にたとえた記事は多い。
　ワシントン・ポストもアマゾンの創業者に売却された。新聞の苦境は、米国だけなく、世界的な傾向である。伝統ある新聞の中にも紙媒体の発行を止めて、インターネットの配信に移行したところもある。
　活字メディアの衰退を絶滅した恐竜にたとえる議論が起こったのは最近のことではない。実は、私が大学生だったときのテキストにも「新聞は現代の恐竜である」と書かれていた。およそ50年前のことなので、正確には記憶していないが、新聞は人々に対して強い影響力を持ち、権力になっているが、かつての恐竜のように滅びゆく運命である、との内容だった。
　すでにカラー放送、衛星中継も始まりテレビ全盛の時代だったので、テレビとの比較で新聞の将来が悲観的に言われていた。
　あれから半世紀たったが、さまざまな困難状況に直面しながらも活字メディアは生き残っている。私は、新聞が不滅の媒体であると主張するつもりはない。
　確かに、輪転機など多額の投資を必要とする新聞は、少ない費用で誰でも、しかも瞬時に情報を発信できるインターネット・メディアに対して形勢は不利かもしれない。
　しかし、時代は変わっても、人々は信頼できる情報を必要とし、その価値を知っている。情報を運ぶツールに変化はあっても、情報を発信するプロの

仕事は必要とされている。

　インターネット空間の混沌とした情報の海のなかに人々を溺死させないためにも、ジャーナリストの役割は重要である。

　メディアの役割と存在感をいかんなく示すのは優れた調査報道であることは間違いない。

　このマニュアルは、調査報道の確実性と高い質を維持することを可能にしてくれる。限られた費用と人的な資源のなかで、成果を生み出すまで費用と期間がかかる調査報道に消極的なメディアの経営者や編集者を説得することもできる。

▶連携と同盟

　著者たちは、「調査プロジェクトを成功させるには連携と同盟が重要である」と説いている。

　私たちの身の周りで起きている出来事は、世界のどこかで起きている出来事と関係している。「変わらなければならない現実を変える」ための調査報道を成功させるには、国や地域を超えたジャーナリスト、専門家、市民、グループの連携が必要な時代になっている。

　このマニュアルがつくられたいきさつや著者たちのネットワークは、ジャーナリストたちの新しい連携の方向性と可能性を示している。そして彼らは実績で示している。

　メディアは権力を監視する番犬（watchdog）と言われてきた。人生の大半を新聞業界で働いてきた私のいまの心象風景には、ライオンに襲われるシマウマの群れが映っている。シマウマの群れは、ライオンの餌食にならないように、あのひたむきで美しい円形陣形で防御を固めている。

　早稲田大学ジャーナリズム研究所がそのネットワークの一端を担おうとしていることに、私は敬意を表したい。ジャーナリストの教育はこれまで以上に重要になってくる。

　切磋琢磨するという意味では競争は、メディアにとって必要かもしれない。しかし、日本の新聞が過度な部数拡張競争により経営が疲弊してきた現実もある。減少を続けている購読者数が示しているように新聞業界はゼロサ

ム・ゲームのマーケットではなくなっている。
　唯一の商品である記事の質を高め、影響力を取り戻さなければならない。そのためには、ジャーナリスト教育にもっと投資することだ。
　日本語版に寄せて、ハンター氏は、「ストーリーベース調査取材法は、すべての人にとっての最善の方法ではないかもしれません。しかし、それはシンプルで、しっかりとしており、調査報道ジャーナリズムを成功させるための基本的な役割を示します。すぐに、自分自身でそれを改変したり、改良したりするバージョンを思いつくでしょう。私はそれもみなさんに発表してほしいと思います。そこからみなさんが試してきたことを、私たちも学べるからです」と書いている。
　日本にも優れた調査報道が数多くある。それらを紹介したマニュアルをどなたか書いてほしい。

訳者あとがき——多様な形態のジャーナリストたちの手引書

高嶺朝太

　現在、既存のメディアは権力を監視する番犬（ウオッチドッグ）の役割を果たしているとは言いがたい状況である。その傾向のなか、非営利報道団体、国境を越えたジャーナリストの共同体、独立、市民ジャーナリストの役割は今後増していくように思われる。このマニュアルは、既存のメディアに加えて、そのようなジャーナリストたちが権力を監視し、不正を追及するための調査の手引書となっていくだろう。

▶ジョージ・W・ブッシュ政権時に米大学でメディアについて研究

　私の米大学生活は、9.11米国同時多発テロ事件で始まった。入学して2週間もたたないうちに、ワールドトレードセンターに旅客機が衝突したのだ。サンフランシスコの大学でメディア専門の研究（メディアスタディー）を専攻した。当時、このマニュアルでも代表的な調査報道の事例として挙げられているウォーターゲート事件やペンタゴン・ペーパーズ事件報道などで栄誉を誇った「ワシントン・ポスト」「ニューヨーク・タイムズ」など米国の主要メディアは経営不振が伝えられていた。なかには廃刊となる新聞社も出てきて、多くのジャーナリストが解雇された。

　大学で最初に学んだことは、映画、放送、新聞・出版、インターネットなど多様なマスメディアを傘下に収める巨大複合企業・寡占企業、メディア・コングロマリットについてだった。授業の課題で、セブンシスターズとよばれるそのような企業を代表するウォルト・ディズニー・カンパニー傘下の地元ラジオ局に、同社に批判的な報道を行なえているかどうかを調査した。企業とメディアの関係に焦点を当てた研究は当時の私にとって新鮮だった。

　2003年に米国はブッシュ政権下でイラク戦争を開始し、米国のメディア、ジャーナリズムは、政権の管理下に置かれたかのようになっていく。ブッシュ政権は、対イラク・キャンペーンをメディアに売り込み、主要メディアは、それを「買った」と、米国の代表的なジャーナリストのひとり、ビル・モイヤ

ーズは主張した。同氏は、イラク戦争に突き進んだブッシュ政権だけでなく、そのプロパガンダにつき従ったメディアも同罪とした。

▶スノーデンによるNSAの監視告発

　2013年に、元CIA（中央情報局）職員エドワード・スノーデンは、世界最大の情報機関NSA（国家安全保障局）が、民間のインターネットやIT企業の協力を得て、個人情報を収集していることを告発した。9.11以降、ブッシュ、オバマ政権下で加速された国家による大規模監視を、元弁護士で当時「ガーディアン」に所属していたジャーナリストのグレン・グリーンウォルドらがスクープし、ピュリツァー賞を受賞した。告発媒体は、「ガーディアン」と「ワシントン・ポスト」になったが、スノーデンがグリーンウォルドを選んだのは、彼が個人のブロガーとしてNSAなどの監視活動を批判していたからだ。

　私もファンであったテレビドラマ「ザ・ワイヤー」は、米国で高い評価を受け、オバマ大統領にも称賛された。メリーランド州ボルチモアを舞台に、ギャング組織を盗聴する警察官たちを主軸にして、米国の都市が抱える諸問題を描いた。制作者のデヴィット・サイモンは、「ボルチモア・サン」に13年間務めた元事件記者で、ボルチモア市警の捜査に密着取材した経験をもとに同ドラマを制作した。サイモンは、スノーデンが暴露したNSAスキャンダルを「模造のスキャンダル」とこき下ろした。ボルチモア市警の盗聴捜査に同行取材し続けたサイモンには、NSAの大量の個人情報収集は当然のものと映ったのである。私は、取材対象である警察に同化してしまった新聞記者の限界を見た気がした。

▶非営利報道団体の活躍

　このマニュアルにも登場する非営利報道団体センター・フォー・パブリックインテグリティは、主要メディアに先駆け、軍需企業関係者米大統領候補への献金リストを発表した。公開情報を使用して、民主党候補のヒラリー・クリントン、バーニー・サンダースが多額の献金を受領している事実を明らかにした。この報道は、軍需企業は民主党より共和党のほうを支持するという通例が2016年度の大統領選では当てはまらないことを示した。同団体

の国際部門、国際調査報道ジャーナリスト連合（ICIJ）は、今世紀最大級の金融スキャンダルといわれるパナマ文書の内容を分析し、一連の報道を行なった。

　世論調査会社ギャラップ（2016年9月14日発行）によると、米国民の報道機関に対する信頼度は、史上最低を記録した。既存のメディアやその運営形態が限界を示しつつあるなか、私はこれからの調査報道ジャーナリズムの担い手は、非営利の調査報道団体、国境を越えたジャーナリストの共同体、独立、市民ジャーナリストになってくるのではないかと思う。このマニュアルの執筆者たちは、フランス、デンマーク、スウェーデン、オランダなど多国籍だ。調査報道の手順を系統立てて説明し、かつ記事や報告書が訴えられた際の対処法、調査報道を行なう際の心理状況も考慮したこのマニュアルは画期的である。

　たとえば、第7章「品質管理」において、著者たちは、「ストーリーから感情的な要素をそぎ落とす。執筆者が、疲れていたり、フラストレーションを感じていたり、不安に感じている場合、記事に根拠の無い、誹謗中傷を入れてしまう可能性がある」と述べ、記者が書いた記事をファクトチェッカーが確認する作業の重要性を説明している。第1章から第8章を通して、調査報道をする際に踏むべき手順を詳述した本書は実践的であるといえる。

　調査報道が新聞社などに所属するリポーターたちだけに与えられた特権ではなくなってきている現在、このマニュアルは権力を監視し、不正などを追及するフリーランスのジャーナリストたちや市民ジャーナリストにとっても重要な手引書となるであろう。

　この本の翻訳の機会を与えていただいた早稲田大学ジャーナリズム研究所所長の花田達朗教授、そして旬報社社長の木内洋育氏に感謝申し上げます。花田教授には訳語の調整や校閲、木内社長には、本の編集、校正などご指導をいただきました。編著者のマーク・リー・ハンターさんやアンソニー・P・ジェンキンズ沖縄県立芸術大学元教授（古文書学）には原文の英語の伝わりづらい部分を解説してもらいました。

［編著者紹介］
マーク・リー・ハンター（Mark Lee Hunter）
調査報道ジャーナリスト、研究者、メディア・トレーナーなど、そのキャリアは多岐にわたる。The New York Times Magazineなどに200本以上の調査報道記事を発表し、フランスで人気のある左翼政治家ジャック・ラングの評伝など多くの本を出版している。Investigative Reporters and Editors (IRE) の賞をはじめ多くの賞を受賞してきた。世界各地で調査報道のワークショップを開催し、トレーナーとして活動している。

［訳者紹介］
高嶺朝一（たかみね・ともかず）
1943年沖縄県生まれ。西南学院大学文学専攻科（英文）修了。琉球新報社記者、編集局長、論説委員長、代表取締役社長、2010年退任。著書に『知られざる沖縄の米兵』（高文研）。

高嶺朝太（たかみね・ちょうた）
1978年沖縄県生まれ。私立サンフランシスコ大学卒（メディアスタディー）。The Tex Report（東京）翻訳者を経てT&CT Office 編集責任者。映像作品『Trapped』でカナダ、米国の映画祭で受賞。雑誌『世界』や琉球新報にルポなどを寄稿。

調査報道実践マニュアル
——仮説・検証、ストーリーによる構成法

2016年12月10日　初版第1刷発行

編著者	マーク・リー・ハンター
訳者	高嶺朝一・高嶺朝太
ブックデザイン	宮脇宗平
発行者	木内洋育
発行所	株式会社 旬報社
	〒112-0015 東京都文京区目白台2-14-13
	TEL 03-3943-9911　FAX 03-3943-8396
	ホームページ http://www.junposha.com/
印刷製本	中央精版印刷株式会社

ISBN978-4-8451-1484-9　Printed in Japan

旬報社　ジャーナリズムの本

調査報道ジャーナリズムの挑戦
市民社会と国際支援戦略

**花田達朗、別府三奈子、大塚一美、
デービッド・E・カプラン**［著］

日本で、そして世界で、調査報道はどのようにおこなわれているのか。調査報道をめぐる国内外の現状、報道の自由の問題、支援の状況などを概説。調査報道の現在地を知り、これからの在り方を問う。本体1700円＋税

権力に迫る「調査報道」
原発事故、パナマ文書、日米安保をどう報じたか

高田昌幸、大西祐資、松島佳子［編著］

原発事故、パナマ文書、日米安保など激動の時代に刻まれたスクープの数々。第一線で活躍する国内外のジャーナリストが登場し、その驚くべき舞台裏とノウハウを明らかにする。ジャーナリズムの未来は調査報道にある。本体1800円＋税